궁금해도 안 알려 주는

죽음에 관하여

초판 1쇄 인쇄 2018년 8월 17일
초판 1쇄 발행 2018년 8월 25일

글 오홍선이
그림 고고핑크
펴낸이 구모니카
디자인 양선애
마케팅 신진섭
펴낸곳 M&K
등록 제7-292호 2005년 1월 13일
주소 경기도 고양시 일산서구 고양대로 255번길 45, 903동 1503호(대화동,대화마을)
전화 02-323-4610
팩스 0303-3130-4610
E-mail sjs4948@hanmail.net

ISBN 979-11-87153-17-7 73380

※ 값은 뒤표지에 있습니다. 잘못된 책은 바꾸어 드립니다.

이 도서의 국립중앙도서관 출판예정도서목록(CIP)은
서지정보유통지원시스템 홈페이지(http://seoji.nl.go.kr)와
국가자료공동목록시스템(http://www.nl.go.kr/kolisnet)에서 이용하실 수 있습니다.
(CIP제어번호: CIP2018024856)

궁금해도 안 알려 주는
죽음에 관하여

오홍선이 글 · 고고핑크 그림

M&Kids

작가의 말

우리나라 속담 중에 이런 말이 있어요.

"개똥밭에 굴러도 이승이 좋다."

윽, 개똥밭을 굴러야 한다면 차라리 죽는 게 낫겠다고요? 이 말은 아무리 천하고 험한 꼴을 당해도 살아 있는 것이 죽는 것보다 낫다는 뜻이 담겨 있어요. 어쩌면 개똥밭을 잘 경작해서 질 좋은 땅으로 만들 수 있을지도 모르고, 개똥밭에서 금덩이를 발견할 수도 있지 않을까요? 물론 '어쩌면' 말이죠.

항상 '죽음'이 뭘까 궁금했지만 죽음은 어쩐지 무섭고 으스스한 느낌이 들었어요. 장례식은 엄숙하고, 슬픈 것인 줄로만 알았지요.

그런데 놀랍게도 세계에는 죽은 가족과 함께 생활하거나 관을 재미있는 모양으로 만드는 나라도 있었어요. 몇 년 동안 준비해서 장례식을 축제처럼 즐기는 나라도 있었지요.

그리고 세상에는 귀신의 종류가 얼마나 많은지!

'죽음'이라고 하면 조금은 꺼리는 마음도 들겠지만 죽어 가는 사람을 돌보거나 죽은 사람의 사망 원인을 밝히는 직업들도 있어요. 죽은 사람의 물건을 정리하는 새로운 직업도 있고요.

이처럼 죽음에 대해 알아보니 이런 생각이 들었어요.

"아, 살아 있는 지금 열심히 잘 살아야 하는구나!"

〈궁금해도 안 알려 주는 죽음에 관하여〉는 죽음에 관한 쉽고 재미있는 이야기들이 담겨 있어요. 그리고 "여러분은 어떻게 생각하세요?" 하고 질문을 건네기도 하지요. 궁금했던 부분부터 읽어도 좋지만 처음부터 읽는 걸 권해요. 그러면 훨씬 죽음에 관하여 쉽게 이해할 수 있을 거예요.

이 책을 손꼽아 기다려 준, 귀신을 무서워하는 시우에게 이 책이 도움이 되길 바랍니다.

오홍선이

차례

작가의 말   4
죽음은 어쩐지 무서울 줄 알았던 여러분에게   10

1장   죽는다는 건 어떤 걸까요?

어떨 때 '죽었다'고 말할까요?   16
병에 걸리거나 나이가 들었어요!   18
사고나 재해로 죽을 수도 있어요!   22
스스로 목숨을 버리는 건 안 돼!   25
죽으면 어떤 변화가 일어나요?   28
최고의 형벌은 뭘까요?   30

2장 신기하고 다양한 장례 문화

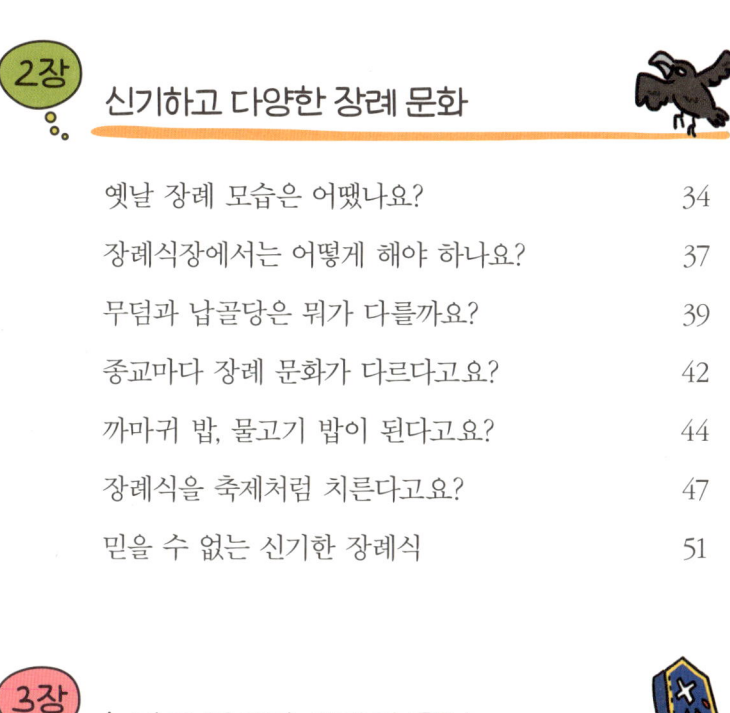

옛날 장례 모습은 어땠나요?	34
장례식장에서는 어떻게 해야 하나요?	37
무덤과 납골당은 뭐가 다를까요?	39
종교마다 장례 문화가 다르다고요?	42
까마귀 밥, 물고기 밥이 된다고요?	44
장례식을 축제처럼 치른다고요?	47
믿을 수 없는 신기한 장례식	51

3장 놀라운 죽음과 세계의 무덤

박물관에 전시된 아인슈타인의 뇌	56
미라가 된 최고의 지도자 레닌	59
링컨 대통령의 관을 지켜라!	62
영원한 삶을 꿈꾼 진시황의 무덤	66
태양의 신 파라오의 피라미드	70
자연과 조화를 이룬 우리나라의 왕릉	74

 **4장** 천국과 지옥은 있을까요?

죽은 사람에게 돈을 준다고요?	80
요단강을 건너면 죽는다고요?	84
영혼은 정말로 있을까요?	86
지옥은 어떤 모습일까요?	88
천국은 하늘에 있을까요?	92
다시 태어날 수 있을까요?	94

 **5장** 후덜덜 오싹오싹 귀신의 세계

사람이 죽으면 귀신이 되나요?	98
우리나라에는 어떤 귀신이 있을까요?	102
일본 귀신은 무서울까요?	104
중국 귀신은 콩콩 뛰어다닌다고요?	106
사람의 피를 빨아 먹는 드라큘라	108
살아 움직이는 시체 좀비	110
영혼과 대화를 할 수 있다고요?	112
귀신을 쫓는 사람들이 있다고요?	115

 **6장 죽음과 관련된 일과 직업들**

미라는 왜 만들었을까요?   120
죽은 사람의 몸을 살핀다고요?   122
법의학자는 어떤 직업일까요?   125
장의사는 무슨 일을 할까요?   127
유품정리사라는 직업이 있다고요?   130
마지막 순간을 돌보는 호스피스   132
잘 죽는 법이 있다고요?   135

 **7장 죽음을 상상해 보아요!**

반려동물이 죽었을 때   140
사랑하는 사람이 죽었을 때   142
장기 이식은 누구나 할 수 있나요?   144
죽지 않을 수도 있나요?   146
죽음을 받아들이는 다섯 단계   150
멋진 묘비명을 써 보아요!   152
마지막에 남기고 싶은 말   156

죽음은 어쩐지 무서울 줄 알았던 여러분에게

〈궁금해도 안 알려 주는 죽음에 관하여〉는 '죽음'에 대한 다양한 이야기가 담겨 있어요. 오늘날에는 나답게 죽는 법이나 잘 죽는 법을 고민하고, 마지막 순간을 보내는 장소, 장례 절차 등을 서로 이야기하고 준비하고 있어요. 하지만 여전히 죽음에 관하여 공공연하게 말하기를 꺼리는 분위기이지요. "죽으면 어떻게 돼?"라고 질문하면 하늘나라나 천국에 갔다는 대답을 듣는 게 전부일 거예요.

죽음은 잘 모르지만 어쩐지 무섭다고 느끼지는 않나요? 한 가지 예를 들면 우리나라의 장례식은 슬픈 얼굴로 눈물을 흘리고 엄숙한 분위기예요. 하지만 어떤 나라는 장례식을 마치 축제처럼 즐기고 있어요. 죽음을 축하한다니 도무지 어울리지 않지요?

평소에 사람들은 죽음에 관하여 제대로 알려고 하지 않

앉을 거예요. 죽음을 떠올리는 것조차 꺼림칙하다고 여기면서요. 그렇게 죽음은 나와 상관없는 일이라고 여기고 모른 체하며 지내다가 병이라도 생기면 큰 절망에 빠지고 말아요. 그러다 삶을 포기해 버리고 시간을 허비하는 사람도 있지요.

그런데 사람은 누구나 수명을 다하면 마지막 순간을 맞이하게 돼요. 그러니까 죽음은 아이가 어른이 되는 것만큼이나 자연스러운 과정인 거지요. 그래서 살아 있는 동안 후회가 남지 않도록 잘 살아간다면 어쩌면 마지막 순간에 편안한 마음으로 미소를 지을 수 있지 않을까요?

일찍이 초고령사회로 접어든 일본에서는 자녀 없이 부부끼리만 살거나 늙어서 홀로 남은 사람들이 많아 스스로 자신의 죽음을 준비하기도 한답니다. 수명을 다하고 아름다운 마무리를 준비하는 건 참 멋진 일 같지 않나요? 아, 그렇다고 일찍부터 준비할 필요는 없어요. 지금은 건강하게 잘 사는 게 가장 중요하니까요.

〈궁금해도 안 알려 주는 죽음에 관하여〉에서는 죽었다는 말의 의미부터 알려 주고 있어요. 그리고 죽음의 종류, 장례식 등 일반적인 내용들을 다루고 있지요. 나아가 영혼이나 귀신, 천국, 지옥이 죽음과 어떻게 이어져 있는지도 함께 알아보고 있어요. 우리나라뿐만 아니라 세계 여러 나라의 다양한 장례 문화와 귀신 이야기도 담아 나라나 종교, 시대에 따라 다른 모습을 비교해 볼 수 있어요. 큰 업적을 세운 위인들이 죽은 뒤 무슨 일이 벌어졌는지에 관한 재미있는 이야기도 담겨 있답니다.

　게다가 죽음과 아주 밀접하게 관련되어 있는 직업들도 소개하고 있어요. 법의학자나 장례지도사, 호스피스, 유품정리사는 모두 죽음과 관련된 일을 하는 사람들이에요. 이런 직업을 가지고 열심히 일하는 사람들이 있으니 죽음을 무서워할 필요는 없지 않을까요?

이 책의 뒷부분에는 특별한 빈칸이 있어요. 자신의 묘비명에 "로그아웃했습니다."라고 쓸 거라는 빌 게이츠처럼 멋진 묘비명을 적어 보거나, "축배를 드시오!"라는 유언을 남긴 천재 화가 피카소처럼 인상적인 유언을 써 보는 거지요. 그런데 '행복했다'는 마지막 말을 남기려면 어떻게 살아야 할까요? 이 질문의 답은 여러분 모두 알고 있을 거예요.

죽음에 관하여 궁금했던 것들이 있다면 이 책을 통해서 궁금증을 해결해 보세요!

1장

죽는다는 건 어떤 걸까요?

# 어떨 때 '죽었다'고 말할까요?

사람이 걷고, 말하고, 먹고, 그리고 꼼짝 않고 누워 있을 때조차 '살아 있다'고 말해요. 숨을 쉬고 있다면 살아 있는 것이겠지요. 그럼 언제 죽었다고 할까요?

사람이 죽었는지 알아볼 때는 맥박을 짚거나 코에 손을 갖다 대요. 심장이 뛰고 있는지, 숨을 쉬고 있는지 알아보기 위해서이지요. 맞아요. 일반적으로 '죽었다'고 말하는 경우는 숨을 쉬지 않고 심장이 멈추었을 때를 말해요.

그럼 이런 질문을 해 볼게요. 뇌의 기능이 완전히 멈추어서 '뇌사 상태'에 빠진 사람은 죽은 걸까요, 살아 있는 걸까요? 스스로 숨을 쉴 수 없어서 산소 호흡기를 달고 있지만 계속 숨을 쉬고 있기 때문에 죽었다고 하진 않아요. 뇌사 상태였던 사람이 기적적으로 깨어나는 경우도 있거든요.

 '죽었다'는 말은 정신적으로도 쓸 수 있어요. 큰 충격을 받거나 힘든 일을 하고 지쳐 있는 사람에게도 '죽은 사람 같다'는 표현을 쓰지요. 마치 몸은 움직이고 있지만 정신은 죽어 있는 좀비처럼 말이에요!

 태어나서 죽을 때까지의 기간을 수명(壽命)이라고 해요. 수명이 긴 사람도 있고, 짧은 사람도 있는데 사고를 당하거나 병에 걸리면 일찍 죽음을 맞게 되지요.

 오늘날에는 의학이 발달하면서 수명이 점점 길어지고 있지만 누구나 죽음을 맞이하게 돼요. 태어나서 나이가 드는 것과 마찬가지로 죽음도 자연스러운 과정이랍니다.

죽음의 종류 1 - 나이와 질병
병에 걸리거나 나이가 들었어요!

　사람이 죽음에 이르는 경우를 크게 몇 가지로 나눌 수 있어요. 그중에서 가장 자연스러운 것이 나이가 들어서 죽음을 맞이하는 경우예요.
　'100세 시대'라는 말을 들어 본 적이 있죠? 과거에는 백 살까지 사는 사람이 거의 없었어요. 그래서 만 60세 때 장수를 축하하며 크게 환갑 잔치를 열었지요. 그런데 사회가 발달하고 의학 기술도 발달해서 사람의 수명은 점점 늘어나고 있어요. 2017년 발표에 따르면 우리나라 사람의 평균 수명은 81세예요. 반려동물인 개와 고양이가 평균 15~16

년인 데 비하면 사람의 수명은 꽤 긴 편이에요. 하지만 사람보다 오래 사는 동물들도 많이 있어요. 그 중에서 육지에 사는 코끼리거북은 약 150년을 살아요. 북극에 사는 그린란드상어는 무려 400년이 넘게 산다고 해요!

흔히 자신의 수명을 다하고 죽은 사람에게 "호상이다"라고 말해요. '복을 누리고 오래 살았다'라는 뜻이지요. 하지만 모두가 수명을 다하고 자연스럽게 죽음을 맞이할 수 있는 건 아니에요. 치료약이 없는 희귀병이나 전염병, 그리고 암이나 여러 질병으로 일찍 생을 마감하기도 해요.

2017년에 발표한 '2016년 사망 원인' 중 1위는 암이에요. 2위는 심장 질환, 3위는 뇌혈관 질환, 4위는 폐렴이었어요.

이처럼 병에 걸려서 죽는 경우가 사망 원인 중 높은 순위를 차지하고 있어요. 많은 사람이 병으로 죽음을 맞이하는 만큼 병에 걸리지 않고 잘 살기 위해서는 적절히 운동하고 골고루 음식을 먹는 등 건강한 생활을 하는 것이 중요해요.

개와 고양이
개와 고양이의 평균 수명은 15년 정도예요.

코끼리거북
육지에서 사는 코끼리거북의 평균 수명은 150년 정도예요.

400년이나 깊은 바다에서 살면 심심하지 않을까?

그린란드상어
북극의 깊은 바다에 사는 그린란드상어는 400년이 넘게 살아요.

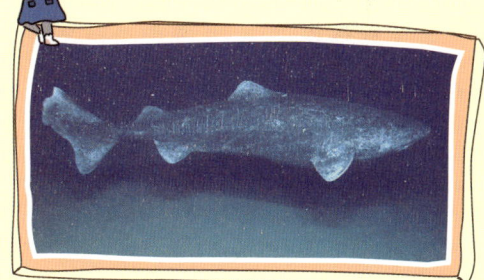

죽음의 종류 2 - 사고와 자연재해
사고나 재해로 죽을 수도 있어요!

사고를 당하거나 자연재해, 사건에 휘말려 죽음에 이르는 경우도 있어요. 대표적인 경우가 교통사고예요. 차를 비롯하여 배, 비행기 사고를 가리키는 '운수사고'는 질병, 자살 다음으로 사망률이 높아요. 운전을 하는 사람도, 타고 있던 사람도, 길을 가던 사람도 교통사고로 사망할 수 있어요.

자동차로 인한 교통사고는 자동차끼리 부딪치거나 벽을 들이받거나 높은 곳에서 떨어지는 등 아주 다양해요. 그래

철도 사고

비행기 사고

서 안전벨트를 전 좌석 의무적으로 메게 하고, 졸음 쉼터를 마련하고, 터널에서 추월금지를 하는 등 교통 법규는 더욱 엄격해지고 있지요. 또한 배가 침몰하거나 비행기 추락으로 많은 사람들이 한꺼번에 목숨을 잃기도 해요. 이런 운수사고를 막기 위해서는 교통 법규를 잘 지키고 점검과 관리를 철저하게 해야 해요. 다행스럽게도 운수사고로 인한 죽음은 갈수록 줄어들고 있대요!

지진이나 태풍, 홍수, 산사태, 폭설, 무더위 등 자연재해로 목숨을 잃는 경우도 있어요. 이러한 자연재해는 많은 사람의

생명을 순식간에 앗아 갈 수 있어서 미리미리 대비해야 해요.

자연재해는 사람의 힘으로 막을 수 없다고 생각할지 모르지만 아니에요. 지진에 대비해 건물을 설계할 때 지진에 잘 견딜 수 있도록 짓고 위험한 곳에 건물을 세우지 않으며, 평소에 대피 훈련이 잘 되어 있어야 하지요.

큰 비나 눈이 내릴 때는 되도록 외출하지 않고 너무 더운 날씨나 미세먼지가 심한 날에도 실내에 있어야 안전해요. 이렇게 주의하고 대비하면 피해를 많이 줄일 수 있답니다.

죽음의 종류 3 - 자살
스스로 목숨을 버리는 건 안 돼!

사람이 스스로 목숨을 끊는 것을 자살이라고 해요. 가끔 유명한 연예인이 스스로 목숨을 끊어 화제가 되기도 해요. 그럴 때 따라 죽고 싶다는 사람들도 있는데, 자살은 주위 사람들에게도 큰 상처를 남기는 행동이에요. 가족이나 친구들은 그 사람을 도와주지 못했다는 죄책감을 느낄 수 있기 때문이지요. 게다가 '누가 자살했다'는 이야기를 자주 접하면 자살이 별것 아니라는 생각을 가질 수도 있어요. 목숨을 버리는 것을 쉽게 생각해 버리는 거지요.

안타깝게도 자살은 2017년에 발표한 2016년 사망 원인 중 5위를 차지했어요. 10위 운수사고로 죽는 사람보다 훨씬 더 사망률이 높지요. 무려 40분마다 1명이 자살을 선택했다는 엄청난 결과예요!

우리나라는 OECD 국가 중에서 자살률이 가장 높아요. 무려 12년 동안 자살률 1위 자리에서 내려오지 못하고 있고, 10대의 자살률은 점점 높아지고 있어요.

그럼 왜 이렇게 많은 사람들이 스스로 목숨을 끊을까요?

자살을 하는 이유는 대체로 정신적으로 병들어 있기 때문이에요. 돈이 없거나 일이 힘들어서 혹은 학교 폭력, 가정불화 등의 이유로 사람들은 자살을 시도한다고 해요.

'죽고 싶다'는 생각이 들어 충동적으로 죽음을 선택하기도 하지만 그런 경우라도 평소에 정신적인 불안과 스트레스가 있었을 거예요.

자살을 예방하기 위해서는 우울이나 불안감에서 벗어나야 해요. 그러려면 우울증을 병이라고 생각하고 가족이나 친구에게 말하고 정신과 치료를 받는 것이 좋아요. 혼자 이

겨 내는 것은 쉽지 않기 때문이지요. 정신과 치료를 꺼리는 사람들도 많기 때문에 이때는 주위 사람들의 도움이 꼭 필요하답니다.

또한 선진국의 자살 예방 대책을 본받아 시행하고, 마을과 가정에서도 관심을 기울인다면 스스로 목숨을 끊는 일은 줄어들 거예요. 혹시라도 힘들다, 죽고 싶다는 마음이 들 때는 조금만 용기를 내어 가족이나 친구에게 속마음을 털어놓아요. 그럼 내 편이 되어 주는 사람이 꼭 있답니다.

 ## 죽으면 어떤 변화가 일어나나요?

사람이 죽으면 몸에 변화가 생겨요. 여러분이 알고 있는 것들은 어떤 것이 있나요? '몸이 차가워진다', '몸이 굳어진다' 정도겠죠? 그럼 사람이 죽은 뒤 어떤 변화가 일어나는지 시간의 흐름에 따라 알아보아요.

죽은 뒤 한 시간 정도 지나면 멍이 든 것처럼 얼룩이 생기기 시작하는데 이것을 '시반'이라고 말해요. 몸속의 피가 한쪽으로 몰리면서 생기는 현상이에요. 시반으로 언제 죽었는지 시간을 추정할 수 있어요.

한 시간이 지나도 가슴은 여전히 따뜻해요. 그러다 체온이 점점 떨어지는데 일반적으로 한 시간에 1도 정도 떨어진다고 해요. 물론 추운 날은 더 빨리, 더운 날은 천천히 체온이 떨어지지요.

두세 시간이 지나면서 몸이 점점 굳어지는데 이것을 '사후 경직'이라고 불러요. 보통 목과 턱이 먼저 굳고 대여섯 시간이 지나면 온몸이 뻣뻣해지지요. 딱딱하던 몸은 하루가 지나면 조금씩 경직이 풀어지는데 그때 배설물이 약간 나오기도 해요. 추운 곳이나 긴장 상태로 죽음을 맞으면 사후 경직이 더 빨리 일어나지요.

그런데 사람이 죽어도 모든 세포와 장기가 기능을 멈추는 것은 아니에요. 각막과 골수, 심장판막은 숨이 멎고 열다섯 시간이 지나도 살아 있어요. 그래서 사람이 죽은 뒤에도 각막을 기증할 수 있다고 해요!

 ## 최고의 형벌은 뭘까요?

"피고에게 사형을 선고한다! 탕탕탕!"

죄를 지은 사람들은 죄의 가벼움과 무거움에 따라서 벌을 받아요. 벌금을 내는 사람도 있고, 감옥살이를 하는 사람도 있지요. 그중에서도 가장 무거운 형벌은 '사형'이에요. 사람의 목숨을 빼앗는 최고의 벌이지요.

과거 우리나라에서 사형은 일반적인 형벌이었어요. 사형의 종류도 교수형, 참수형, 능지처참형이 있을 정도로 다양했지요.

하지만 우리나라에서는 1997년 이후로 사형이 선고되어도 집행된 적은 없어요. 그래서 '사실상 사형 폐지국'으로 보기도 한답니다. 사형 제도를 두는 것은 흉악한 범죄를 저지른 사람에게 큰 벌을 주어 그런 범죄가 다시 일어나지 않도록 하기 위해서예요. 하지만 죄인을 사형해도 범죄 예방 효과는 크지 않다고 말하는 사람들도 많아요. 또한 사형을 당한 사람이 무죄로 판결나는 경우도 있으며, 사형은 또 다른 살인이라고 보는 사람도 있어요. 그래서 사형 제도를 폐지하는 나라가 많아요. 죄인이라도 사람의 목숨을 법으로 결정해서는 안 된다는 생각이지요.

한 예로 일제 강점기 독립운동가나 민주주의를 위해 나섰던 사람들이 사형된 것을 보면, '죽어 마땅한 죄'는 시대나 입장에 따라 다르게 해석될 수도 있어요.

사형 집행을 찬성하는 사람들도, 반대하는 사람들도 범죄를 저지르면 안 된다는 생각은 같아요. 끔찍한 범죄가 일어나지 않는다면 사형 제도도 필요 없을 거예요.

2장

신기하고 다양한 장례 문화

옛날 장례 모습은 어땠나요?

관혼상제, 혹은 가정의례라는 단어를 들어 본 적이 있을 거예요. 결혼식, 생일, 돌잔치, 회갑, 장례식, 제사 등 가정에서 치르는 의례를 가정의례라고 하지요. 이 가운데 죽음과 관련된 의례는 장례, 또는 상례라고도 해요. 사람이 죽으면 장례식을 하는데, 죽은 사람과 마지막 인사를 하는 것이라고 할 수 있지요.

옛날에는 가족이 죽으면 집에서 5일장이나 7일장을 지냈

어요. 장례식 때는 보통 큰아들이 상주가 되어 손님을 맞았어요. 상주와 가족들은 삼베로 만든 옷을 입고 짚신을 신었으며, 장례식에 와 준 손님에게는 음식을 대접했어요. 삼베옷을 입고 짚신은 신은 이유는 부모를 제대로 모시지 못한 죄인이기 때문에 불편하게 입은 거래요!

장례식이 끝나면 시신이 든 관을 상여에 싣고 묘지로 옮겼어요. 마치 가마처럼 생긴 상여는 뚜껑에 연꽃이나 봉황을 장식했지요. 마을 사람들 여럿이 상여를 메고 가면 상주와 가족, 친척, 마을 사람들이 뒤를 따랐어요. 상여꾼은 주거니 받거니 하며 구슬픈 노래를 불렀는데, 이런 '상여소리'는 오늘날에도 지방마다 전하고 있어요.

묘를 쓰는 자리는 중요하게 여겨서 풍수지리를 따져 명당자리를 찾았어요. 집안에 나쁜 일이 생기면 조상의 묘자리가 안 좋아서 그렇다고 여기고 나중에 묘를 옮기는 경우도 있었지요.

장례가 끝나면 아들이 무덤 옆에 움막을 짓고 3년 동안 지내기도 했는데 이것을 '삼년상'이라고 해요. 높은 관직에 있던 사람들도 왕의 허락을 받고 관직에서 물러나 삼년상을 치르기도 했어요. 삼년상을 지내는 이유는 사람이 태어

나서 세 살이 지나야 부모의 품을 떠날 수 있으니까 죽은 부모에게도 3년 동안 살아 있는 것처럼 효도를 다해야 한다는 뜻이 담겨 있어요. 삼년상을 지내는 동안에는 상복을 계속 입어야 하고 술과 고기를 먹을 수 없었어요.

 # 장례식장에서는 어떻게 해야 하나요?

"오늘 장례식장 가야 해서 늦을 거야."

부모님이 이런 대화를 하는 걸 듣거나 텔레비전에서 장례식 장면을 본 적이 있을 거예요. 마음의 준비를 한다고 해도 죽음은 갑자기 찾아와요. 그래서 갑자기 장례식장을 가게 되면 당황하게 되지요.

그럼 장례식장에 갔을 때는 어떻게 해야 하는지 일반적인 절차를 알아보아요. 먼저 조객록에 이름을 쓰고, 상주와 가볍게 눈인사를 해요. 안으로 들어가면 꽃 장식 가운데 영정 사진이 놓여 있고 앞에는 향로가 놓여 있어요. 일단 향을 피우고 꽂으면 상주가 술잔에 술을 세 번 나누어 채워 줘요. 그러면 방금 피운 향 위로 술잔을 세 번 반 돌리고 내려놓아요. 그런 다음 뒤로 약간 물러나서 두 번 반 절을 한 다음 상주와 맞절을 하고, 나오면서 부의금을 내지요. 부의금은 조의금이라고도 하며 장례 때 내는 돈을 말해요.

오늘날에는 꼭 이 순서대로 하지 않아요. 향을 피우거나 술잔을 돌리는 것을 하지 않기도 하고, 꽃을 놓는 헌화를 하는 경우도 있어요. 종교에 따라서는 절을 하지 않고 가벼운 눈인사를 하거나 기도를 하는 경우도 있지요.

장례식에 갔을 때는 조문 방법을 아는 것도 중요하지만 가장 주의해야 하는 것이 있어요. 장례식장에 어울리는 옷차림을 하는 것과 진심으로 죽음을 슬퍼하는 모습이랍니다.

무덤과 납골당은 뭐가 다를까요?

"납골당에 모시기로 했어요."

"그러셨군요. 저희 아버지는 선산에 모셨는데……."

장례를 치를 때 이런 말을 주고받는 경우가 있어요.

사람이 죽은 뒤 장례 방법은 크게 두 가지가 있어요. 시신을 땅에 묻고 무덤을 만드는 매장과 시신을 불태워서 납골당 등에 안장하는 화장이 있지요.

매장은 가장 오래된 장례 문화예요. 선사 시대의 고인돌이나 삼국 시대의 고분은 모두 매장을 한 무덤이지요. 일반적인 무덤은 동그랗게 봉분을 만들고 앞에 묘비를 세운 모습이에요. 그런데 이렇게 매장을 하다 보니 땅이 부족해지고 관리가 어려워 오늘날에는 화장을 하는 사람들이 많아요. 무덤을 만들면 때마다 벌초도 해 주어야 하니 번거롭기도 했거든요. 게다가 홍수나 산사태, 산짐승에 의해 무덤이 훼손될 수도 있답니다.

화장은 시신을 태워서 장례를 지내는 것이에요. 불에 타

39

지 않는 뼈를 땅에 묻거나 가루를 내서 뼛가루를 강이나 산에 뿌리거나 납골당에 두지요.

우리나라에 본격적으로 화장 문화가 들어온 건 조선 시대 말기예요. 그때만 해도 사람들은 화장하는 걸 그다지 좋아하지 않았어요. 하지만 오늘날에는 매장보다 화장을 원하는 사람들이 훨씬 더 많아 10명 중 7명 이상이 화장을 원한다고 해요. 그리고 화장을 한 뒤 납골당에 안치하는 것보다 나무 아래에 뼛가루를 묻는 수목장을 더 바란다고 해요.

강화도 부근리 고인돌
선사 시대의 무덤인 고인돌이에요. 무덤방을 만들고 넓적한 덮개돌을 올렸어요.

국립서울현충원의 묘지
국가 유공자들이 잠들어 있는 국립묘지로 봉분을 만들지 않고 비석만 세웠어요.

일본의 묘지
일본의 사이코지라는 절 옆에 있는 묘지예요. 일본에서는 주택가 옆에도 묘지가 있어요.

미국 오클라호마의 묘지
미국 중남부의 오클라호마에 있는 묘지예요. 비석의 모양이 아주 다양해요.

자연으로 컴백 수목장

# 종교마다 장례 문화가 다르다고요?

장례 문화는 나라, 인종, 시대에 따라 조금씩 달라요. 그리고 종교에 따라서도 다르지요. 전 세계적으로 가장 많이 믿는 대표적인 종교로 불교, 기독교, 천주교, 이슬람교 등을 꼽을 수 있어요. 그럼 종교마다 죽음을 받아들이는 모습이 어떤지 살펴볼까요?

불교에서 장례 방식은 '다비'라고 불러요. 장작 위에 시신

을 놓고 종이로 만든 연꽃을 장식한 다음 불을 붙여 태우는 것이지요.

기독교에서는 성직자와 가족들이 죽은 사람을 위해 예배를 하고 땅에 묻은 다음 묘비를 세워요. 시신을 화장하지 않고 땅에 묻은 이유는 혹시 부활할지도 모른다고 여겼기 때문이에요. 시신을 태우면 부활할 수가 없으니까요.

이슬람교에서도 부활을 믿어 시신을 대체로 매장하였는데, 관 없이 무덤 안에 작은 방을 만들어 그곳에 시신을 두었어요.

이 밖에도 고대 페르시아의 종교 조로아스터교에는 풍장 의식이 있었어요. 특별한 단을 만들고 그 위에 시신을 두어 짐승이 먹거나 자연스럽게 부패하도록 두는 것을 풍장이라고 해요. 유대교에서는 시신을 동굴에 둔 뒤 썩으면 유골만 따로 관에 담았다고 해요.

까마귀 밥, 물고기 밥이 된다고요?

우리나라 속담 중에 '까마귀 밥이 되다'라는 것이 있어요. 거두어 줄 사람 없이 죽어 버려진다는 걸 비유하는 말이지요. 그런데 티베트 지역에서는 실제로 이런 장례식이 있어요. 사람이 죽으면 장례를 주관하는 승려가 시신을 잘라서 독수리가 먹도록 놓아두었어요. 새 조(鳥) 자를 써서 '조장' 혹은 하늘 천(天) 자를 써서 '천장'이라고 불러요. 아니, 사람이 독수리의 먹이가 되다니!

그런데 이런 장례 문화에는 특별한 의미가 담겨 있어요. 조장을 하는 건 사람의 몸이 새에 의해 하늘로 올라간다고 여겼기 때문이에요. 예전에는 티베트 지역을 여행하던 사람들이 조장을 직접 보기도 했어요. 하지만 지금은 사람들이 구경거리로 여겨서 쉽게 볼 수 없다고 해요.

또 흔히 쓰는 말 중에 '물고기 밥이 되다'라는 말도 있어요. 이 말은 말 그대로 물에 빠져 죽어서 물고기에게 먹힌다는 뜻이에요.

　시신을 물속에 넣어 장사를 지내는 것을 수장(水葬)이라고 하는데, 해군은 바다에 떠 있는 시간이 길어서 전쟁으로 사망한 사람은 수장을 했어요. 육지에서 시신을 배에 싣고 띄워 보낸 다음 불화살을 쏘아 태우는 장례 방법도 있답니다. 조장이나 수장은 모두 지역이나 상황에 따른 특별한 장례 모습이에요.

　그런데 '까마귀 밥이 되다, 물고기 밥이 되다'라는 말은 부정적인 의미가 담겨 있으니까 되도록 쓰지 않는 것이 좋아요.

1943년 미국 해군의 수장 모습

바다 위에서 싸우다 바다로 돌아가는구나.

2003년 미국 해군 구축함에서 수장하는 모습

2004년 항공모함 엔터프라이즈 호에서 수장하는 모습

 **장례식을 축제처럼 치른다고요?**

인도네시아의 토라자라는 지역에서는 사람이 죽은 뒤에도 오랫동안 집에 시신을 둔다고 해요. 아니, 죽은 사람이랑 같이 산다고요?

이 지역에서는 가족이 죽으면 혹시 살아날지도 모르니 3일 동안은 그냥 앉혀 두었어요. 그리고 3일이 지나면 이후에는 장례 준비가 될 때까지 천으로 감싼 다음 집 안에 두었어요. 음식도 차려 주고, 불고 켜 주면서 함께 생활을 하는 거죠. 몇 주일, 혹은 몇 년이나 시신과 같이 지내기도 해요. 옷을 입히고 꾸며 주며 함께 사진을 찍기도 하지요. 이렇게 시신과 함께 생활한 이유는 비록 죽었지만 여전히 가족이라고 여기고 기억하기 위해서랍니다.

그러다 장례 치를 준비가 끝나면 일주일간 축제를 열어요. 이때는 죽은 사람을 하늘로 데려다주는 물소를 제물로 바치는데 신분이 높고 재산이 많은 사람들은 수십 마리에서 백 마리가 넘는 물소를 제물로 바쳤어요. 제물이 된 물

소의 뿔을 잘라 지붕을 걸어 두기도 했지요.

장례식이 끝나면 시신은 높은 절벽의 동굴로 옮겨 모형 인형과 함께 두었어요. 동굴에는 먼저 세상을 떠난 가족이 함께 있는데, 가족이 모여 있다는 의미가 담겨 있대요.

아프리카 대륙의 가나에서도 장례를 축제처럼 즐기고 있어요. 그래서 가족이나 친구가 모두 참석할 수 있도록 날짜를 정하느라 길게는 몇 년 동안 장례식을 미루기도 해요. 관도 평범한 직사각형 관이 아니라 죽은 사람이 살아 있을 때 좋아했던 것으로 만들어요. 목수가 죽으면 망치 관을 만들어 시신을 넣는 거죠. 달팽이, 물고기, 콜라 병, 핸드폰, 자동차 등 모양은 모두 제각각이에요. 이런 장례 문화는 한 목수가 죽은 친척을 위해 멋진 관을 만들어 추모하면서 시작되었어요. 어떤 사람들은 살아 있을 때 자신의 관을 미리 구상하거나 원하는 관을 만들기 위해 돈을 모으기도 한다니 정말 신기해요! 내가 좋아하는 모양으로 관을 만들어 두면 죽음이 두렵거나 무섭지 않을까요?

우와, 정말 다 멋진 관이야!

가나 지역의 다양한 관
가나 지역에서는 죽은 사람이 살아 있을 때 좋아하던 물건이나 동물, 음식 모양으로 관을 만들기도 해요.

 믿을 수 없는 신기한 장례식

 장례식이 끝난 뒤 일반적으로 매장이나 화장을 한다고 했어요. 그런데 세상에는 굉장히 특이한 장례식을 치르는 사람도 있어요. 어떤 장례식이 있을까요?

 일단 유골로 무언가를 만드는 경우가 있어요. 죽은 사람의 유골에서 탄소를 추출해 다이아몬드를 만들 수 있어요. 그렇게 만든 다이아몬드 반지를 항상 지니고 다니면서 그 사람을 추억하는 거지요. 유골 반지와 비슷한 것으로 연필장도 있어요. 이것 역시 유골에서 탄소를 추출해 연필심을 만든 것이에요. 유골 가루에 물감을 섞어 초상화를 그리는

사람도 있는데, 그림을 볼 때마다 죽은 사람을 떠올릴 수 있다고 해요.

죽어서 우주로 날아간 사람도 있어요. 이건 우주장이라고도 하는데 유골을 아주 작은 캡슐에 넣어서 우주로 쏘아 올리는 거지요. 실제로 1997년 4월 우주장이 처음으로 시행되었는데, 유골은 영원히 우주를 떠돌게 된대요.

유골을 구멍 뚫린 항아리처럼 만들어 바다 깊숙이 두는 산호장도 있어요. 이 인공 산호초는 바다생물들이 살 수 있는 집이 되어요. 산호장을 원하는 사람들은 바다를 좋아해 죽어서도 물고기나 바다생물과 함께하고 싶어서 선택했을 거예요.

그런데 가장 놀라운 건 폭죽장이에요. 유골을 폭죽에 담아 하늘로 쏘아 올린 다음 터뜨리는 거지요. 화려한 불꽃과 함께 유골이 밤하늘에 퍼지는 모습은 마치 화려한 마지막 인사를 하고 떠나는 느낌이 들 거예요.

시신을 강한 용액으로 녹여 액체로 만드는 액장도 있어요. 시신을 처리하기 곤란한 사람들을 위해서 개발되었다는데 죽은 뒤 흐물흐물 액체 괴물이 되는 걸까요?

이처럼 세상에는 놀랍고 믿을 수 없는 다양한 장례식이 있어요.

3장

놀라운 죽음과 세계의 무덤

유명한 사람의 죽음 1
박물관에 전시된 아인슈타인의 뇌

알베르트 아인슈타인은 1879년 3월 14일 독일에서 태어난 과학자예요. 미국으로 건너가 물리학 연구를 했지요. 아인슈타인은 상대성 이론을 발표해 살아 있을 때도 굉장히 유명한 과학자였어요.

아인슈타인은 병으로 병원에 입원했지만 치료를 원하지 않아 1955년 4월 18일 세상을 떠났어요. 시신은 아인슈타인의 뜻을 따라 그날 오후 화장되었고 장례식도 열리지 않았어요.

그런데 아인슈타인이 죽자마자 토머스 하비라는 의사가 부검을 했어요. 그리고 두개골을 잘라 몰래 아인슈타인의 뇌를 꺼냈어요. 천재 과학자의 뇌를 연구하고 싶었기 때문이었지요. 하비는 겨우 가족들에게 허락을 구해 아인슈타인의 뇌를 가질 수 있었어요.

하지만 몇십 년 동안 아인슈타인의 뇌는 잊혔어요. 하비는 아인슈타인의 뇌를 직접 연구했지만 다른 점을 찾지 못

했는데 다른 의사에게 주는 것도 믿지 못했거든요. 결국 아인슈타인의 뇌는 1,000개가 넘는 샘플로 만들어져서 이곳저곳을 떠돌았어요.

그러다 신경과학이 발달하면서 몇몇 과학자들이 아인슈타인의 뇌를 연구해 아인슈타인 뇌의 신경세포가 일반인과 다르다는 결과를 내놓기도 했어요. 하지만 연구 결과가 신뢰를 얻기 위해서는 비교 대상이 있어야 하는데, 아인슈타인의 뇌 연구는 비교 대상이 적어 결과를 믿을 수 없다는

의견도 있어요. 오늘날 아인슈타인의 뇌는 슬라이드로 만들어져 필라델피아 의과대학 박물관에 전시되고 있어요.

그런데 놀라운 것은 부검 때 아인슈타인의 안구도 주치의가 꺼냈다고 해요. 이후 행방을 알 수 없었는데 미국 뉴욕시 금고에 보관되어 있다는 소문도 있어요.

아인슈타인은 의학 기술로 수명을 늘리고 싶어 하지 않을 정도로 자연스럽게 죽음을 받아들였지만 안타깝게도 죽은 뒤 실험 대상이 되고 말았어요.

유명한 사람의 죽음 2
미라가 된 최고의 지도자 레닌

블라디미르 레닌은 러시아의 지도자예요. 러시아 혁명을 이끌고 소비에트 사회주의 공화국을 세웠어요. 최고의 권력자였던 레닌은 1924년 1월 21일 시골집에서 뇌졸중으로 세상을 떠났어요. 레닌은 죽기 전 어머니 곁에 묻어 달라는 말을 남겼어요.

레닌의 죽음을 애도하려고 매서운 추위에도 수십 만 명이 장례식장을 찾았어요. 그리고 얼마 뒤 레닌의 시신을 오랫동안 보존한다는 기사가 나왔어요. 후계자였던 스탈린은 레닌을 방부 처리를 해서 전시하고 싶어 했어요. 죽은 레닌을 살아 있는 모습으로 전시하면 사람들이 후계자인 자신을 계속 따를 거라고 생각했거든요.

하지만 날이 따뜻해지면서 시신이 썩기 시작했어요. 그때 해부학 교수가 나섰어요. 해부학 교수는 시신 방부 처리를 위해 석 달 동안이나 작업에 매달렸어요. 레닌의 몸을 여러 용액에 담그고 가짜 눈을 끼우고 눈과 입술을 꿰맨 다음

전시했어요. 레닌의 묘는 유명한 관광지가 되었지요. 레닌의 시신은 오늘날에도 매주 시신의 상태를 검사하고 닦고 18개월마다 용액에 담가 관리하고 있어요. 레닌을 전시했던 스탈린은 죽은 뒤 잠시 동안 레닌 옆에 전시되었다가 얼마 뒤 화장되었어요.

오늘날 레닌을 땅에 묻어야 한다고 주장하는 사람들도 많지만 반대하는 사람이 많아 아직 전시하고 있답니다.

레닌의 요양 모습
1923년 병으로 쇠약해진 모습의 레닌이에요.

레닌 시신은 90년이 넘은 지금도 실제 모습이랑 똑같대!

레닌의 묘
러시아의 모스크바 붉은 광장에 있는 레닌의 묘예요. 레닌의 시신이 유리 상자 안에서 잠든 듯한 모습으로 누워 있어요.

유명한 사람의 죽음 3
링컨 대통령의 관을 지켜라!

에이브러햄 링컨은 미국의 제16대 대통령이에요. 그때만 해도 미국에는 노예 제도가 있어서 흑인들은 백인들과 차별을 받았어요. 1863년 링컨 대통령이 노예 해방 선언을 해 흑인 노예들은 자유의 몸이 되었어요. 인종을 차별하지 않고 노예를 해방시킨 것은 링컨의 대표적인 업적이지요. 하지만 링컨은 1865년 연극을 관람하던 중 존 윌크스 부스의 총에 맞아 갑자기 세상을 떠났어요.

링컨은 죽은 뒤 방부 처리되어 특별 열차에 실려 고향인 일리노이주로 향했어요. 그러면서 볼티모어, 필라델피아, 뉴욕, 올버니, 버펄로, 클리블랜드, 콜럼버스, 신시내티, 인디애나폴리스, 시카고를 거쳐 약 2,700킬로미터의 엄청난 거리를 이동했어요. 슬퍼하는 국민들에게 마지막 인사를 하기 위해서였답니다.

링컨의 부서진 두개골 조각은 워싱턴의 국립 의료 박물관에 보관되었고, 나머지 유해는 일리노이주 오크리지 묘지에 묻었어요. 하지만 링컨의 무덤은 몇 번이나 도굴될 뻔했어요. 1876년부터 1901년까지 무려 열여섯 번이나 무덤을 옮겼다고 해요. 그때만 해도 유명한 사람의 시신을 훔쳐서 가족에게 돈을 요구하는 나쁜 사람들이 있었거든요.

결국 링컨의 가족들은 1901년 큰 결심을 했어요. 대리석

관을 강철로 묶고 지하 3미터 아래에 묻은 다음 관 위로 1.8톤이나 되는 시멘트를 부어 도굴을 하지 못하도록 한 거지요.

위대한 업적을 남긴 링컨은 비극적인 죽음을 맞은 뒤에도 한동안 편안히 잠들지 못했답니다.

링컨 대통령의 장례식
1865년 신문에 실린 링컨 대통령의 장례식 모습이에요.

이제는 아무도 도굴하지 못하겠군! 링컨 아저씨, 편안하게 쉬세요!

링컨 대통령의 묘
미국 일리노이주에 있는 에이브러햄 링컨 대통령의 묘예요.

놀라운 세계의 무덤 1
영원한 삶을 꿈꾼 진시황의 무덤

진시황은 중국을 최초로 통일한 황제예요. 진시황은 죽기 전부터 자신의 무덤을 만들 명당자리를 찾았어요. 그리고 37년 동안 70만 명의 사람들이 무덤을 만들었지요.

진시황의 무덤은 진시황릉이라고 부르고 1987년 유네스코 세계유산에 등재되었어요.

진시황릉은 높이 79미터, 동서 길이가 475미터, 남북 길이가 384미터이고 둘레가 무려 25킬로미터에 이르는 한 사람을 위한 무덤으로 세계 최고의 크기예요.

무덤은 마치 지하 도시처럼 세워졌어요. "아름다운 가재도구와 보석, 진귀한 물건뿐 아니라 궁궐과 탑, 관청 건물까지 세워져 있다."는 기록도 있어요.

진시황릉에는 도굴을 막기 위해 화살이 자동으로 발사되는 무기가 설치되었어요. 게다가 진시황릉을 설계한 사람들도 비밀을 말하지 못하도록 감금되었지요.

진시황릉에서 1킬로미터 떨어진 곳에는 병마용갱이 있어요. 1974년 우물을 파던 농부가 우연히 발견했지요. 무려 8,000명에 이르는 병사들이 실제와 똑같은 크기로 만들어

져 있어요. 모든 병사의 옷과 머리 모양, 표정이 달라서 마치 살아 있는 사람처럼 보이지요. 이 병사 모형은 진시황의 무덤을 지키기 위해 같이 묻은 것이랍니다.

　진시황릉은 구조가 복잡하고 현재의 발굴 기술이나 보존 기술이 부족하다고 여겨 발굴을 미루고 있어요. 더욱 과학 기술이 발달해서 완벽하게 발굴할 수 있을 때까지 보존하기로 한 거지요.

진시황릉 북쪽 정면
진시황릉은 중국 산시성의 리산 남쪽 기슭에 있어요.
중국을 최초로 통일한 진시황의 무덤이지요.

진짜 사람같아.
당장이라도 움직일 것 같잖아!

병마용갱
진시황릉에서 1킬로미터 정도 떨어져 있는 유적지로 흙을 구워 만든 병사, 말 등의 모형이 있는 지하의 갱도예요.

놀라운 세계의 무덤 2
태양의 신 파라오의 피라미드

고대 이집트의 왕 파라오는 신으로 추앙받는 존재였어요. 사람들은 파라오가 죽으면 하늘나라에 가서 영원한 생명을 얻게 된다고 믿었지요. 파라오의 무덤인 피라미드는 '파라오가 하늘로 올라가기 위해 준비된 계단'이라는 뜻이에요. 그래서 처음에는 계단식으로 피라미드를 만들었어요.

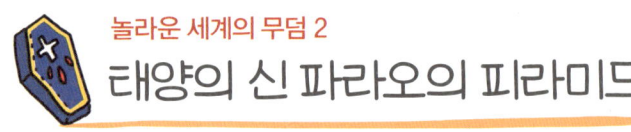

오늘날 남아 있는 가장 오래된 피라미드는 제3왕조 조세르 왕의 계단식 피라미드예요.

제4왕조 때부터 경사면이 매끈한 피라미드가 만들어졌어요. 이집트에서 가장 큰 피라미드는 '쿠푸 왕의 피라미드'예요. 대피라미드라고도 부르지요. 높이 약 147미터, 밑변이 230미터에 이르는 거대한 규모예요. 평균 2.5톤이나 되는 무거운 돌을 230만 개나 쌓아 올려 세웠지요.

쿠푸 왕의 피라미드는 4면이 정확하게 동서남북을 향하고 있으며 완성되었을 때 면도날조차 들어갈 수 없을 정도로 표면이 매끈했다고 해요. 당시의 건축 기술이 얼마나 놀라웠는지 알 수 있어요. 하지만 피라미드를 어떻게 만들었는지는 아직도 미스터리로 남아 있어요. 쿠푸 왕의 피라미

드는 가짜 묘실과 왕비의 묘실, 왕의 묘실을 무게중심에 딱 맞추었고, 경사면은 황금비율을 이루고 있다고 해요. 건물에 관련된 여러 수치는 오늘날 수학자들에게도 놀라움을 안겨 주고 있지요.

818년 쿠푸 왕의 보물을 찾기 위해 피라미드 북쪽을 파내 묘실을 발견했지만 석관은 비어 있었고, 왕의 미라도 없었다고 해요. 2016년에는 투시 기술을 이용해 피라미드 안에 거대한 비밀 공간이 있다는 것이 밝혀졌어요. 앞으로 과학 기술이 더욱 발달하면 피라미드의 비밀이 더 많이 밝혀질 거예요!

조세르의 피라미드
조세르의 피라미드는 계단식으로 세워진 오늘날 남아 있는 가장 오래된 피라미드예요.

이집트 기자 지역의 피라미드
이집트의 기자 지역에는 세 개의 유명한 피라미드가 있어요. 쿠푸 왕의 피라미드는 가장 큰 피라미드예요.

놀라운 세계의 무덤 3
자연과 조화를 이룬 우리나라의 왕릉

우리나라 왕의 무덤 가운데 주인을 알 수 있는 최초의 왕릉은 백제의 무령왕릉이에요. 다른 고분이 도굴된 것에 비해 무령왕릉은 온전한 모습으로 발견되었지요. 무령왕릉은 백제 25대 무령왕과 왕비의 무덤으로 충청남도 공주시에 있어요. 무덤 안에서는 금으로 만든 관장식, 용과 봉황이 장식된 큰칼, 글씨가 새겨진 팔찌 등 4,000점이 넘는 많은 유물이 출토되었어요. 정교한 금속 공예품은 당시 기술자들의 수준이 얼마나 뛰어났는지 알 수 있어요. 그리고 함께 출토된 중국산 도자기를 통해 백제가 중국과 교류하고 있었다는 것을 알 수 있지요.

왕릉은 시대에 따라 있는 지역도 달라요. 신라 시대 왕릉은 대체로 경주 지역에 있고, 고려 시대 왕릉은 개성 지역과 인천 강화도 지역에

있어요. 조선 시대 왕릉은 서울이나 경기도 지역에 있지요.

　신라의 천년 수도였던 경주 지역에는 모두 36기의 왕릉이 있어요. 그중 주인이 확실히 밝혀진 것은 무열왕릉, 흥덕왕릉, 문무왕릉, 선덕여왕릉이에요.

　고려 왕릉은 한반도 북쪽의 개성 지역에 주로 있어요. 몽고의 침입으로 수도를 강화도로 옮기면서 인천과 경기도, 강원도에 고려 왕릉이 남아 있어요.

　조선 왕릉은 왕과 왕비가 잠들어 있는 무덤이 모두 42기예요. 그중 무려 40기가 2009년 유네스코 세계 문화유산으

로 등재되었지요. 조선 왕릉은 풍수지리를 고려하여 만들었기 때문에 자연환경과 조화를 이루고 있어요.

　우리나라 왕릉이 각 시대의 수도 근처에 있는 이유는 제사를 지내러 가기 편하고 관리하기 쉽도록 하기 위해서예요. 한 예로 조선을 세운 태조 이성계는 고향인 함흥에 묻히기를 바랐지만 너무 멀다는 이유로 경기도에 건원릉을 만들었어요. 아들 태종은 함흥의 억새풀을 가져와 봉분에 심어 아쉬움을 달랬어요.

건원릉
조선을 세운 태조의 무덤인 건원릉이에요. 경기도 구리시에 있어요.

역시 왕의 무덤이라 넓구나.

동구릉
태조의 무덤인 건원릉 주변으로 8기의 능이 더 만들어져 이룬 왕릉군이에요.

서오릉
동구릉 다음으로 규모가 큰 5기의 능이 있는 조선 왕실의 왕릉군이에요. 경기도 고양시에 있어요.

4장

천국과 지옥은 있을까요?

죽은 사람에게 돈을 준다고요?

할머니는 "죽을 때 노잣돈이라도 있어야지."라는 말을 하곤 했어요. 그런데 아빠는 해외여행을 떠나는 대학생 형에게 돈을 주며 이렇게 말했어요.

"자, 먼 데 가는데 노잣돈은 두둑하게 있어야지."

으악, 그럼 형이 죽으러 간다는 소리일까요?

노잣돈이라는 단어에는 두 가지 뜻이 담겨 있어요. 먼 곳으로 여행을 떠날 때 드는 경비를 말하고, 죽은 사람이 저

승길에 편히 가라고 주는 돈을 가리키기도 해요.

옛날에는 상여를 메고 무덤 자리까지 갈 때 상여에 돈 모양으로 만든 종이를 꽂아 주기도 했어요. '지전'이라고 부르는 이 돈은 저승에서 쓸 수 있다고 여겼어요. 이렇게 노잣돈을 주는 풍습은 2,000년이나 이어졌어요. 무덤에서 실제로 화폐가 발견되는 것도 노잣돈으로 넣은 것이라고 추측해요. 우리나라뿐 아니라 중국이나 일본의 고대 무덤에서도 동전 형태의 유물들이 많이 발견되지요.

서양에서는 저승으로 가는 강을 건널 때 뱃사공에 주는 뱃삯이라는 의미로 동전을 입에 넣어 주기도 했어요.

그리스 신화에서는 사람이 죽으면, 슬픔, 탄식, 불, 망각, 증오의 강을 건너 지하세계인 하데스의 나라에 도착한다고 해요. 스틱스라는 강이 현세와 지하세계를 나누고 있는데, 강을 건너려면 배를 타야 하지요. 이때 지하세계로 가는 배의 뱃사공이 카론이었어요. 뱃사공 카론에게 돈을 내야 배에 오를 수 있었답니다.

카론의 배에 탈 수 있는 사

람은 장례를 치른 사람이어야 하는데, 신화에서 카론은 살아 있는 사람을 저승으로 보내 하데스에게 큰 벌을 받기도 해요. 카론은 저승의 신, 죽음의 신 등으로 불리고 무서운 모습으로 그려져요. 죽은 사람이 카론의 배를 타지 못하면 강가에 계속 머물러야 해서 무사히 저승으로 가기 위해서는 뱃삯이 꼭 필요했어요. 동양이나 서양이나 죽은 뒤 돈이 필요하다는 생각은 비슷했던 것 같아요.

토기에 그려진 카론의 모습
기원전 500년경 토기에 그려진 카론의 모습이에요.

돈을 안 내면 안 태워 주겠지?

카론을 그린 그림
러시아의 화가가 그린 카론의 모습이에요.

요단강을 건너면 죽는다고요?

"휴우, 등산하다가 요단강 건널 뻔했네!"

산을 오르는데 강을 건넌다고요?

"이 텔레비전은 이제 요단강을 건넜군."

아니, 텔레비전이 살아 있는 것도 아닌데, 어떻게 강을 건넌다는 걸까요? '요단강을 건너다'라는 말은 일상적으로 쓰이는 표현으로, 죽음을 뜻하는 말이에요.

요단강은 '요르단강'을 말하는데, 요르단과 이스라엘 사

이를 흐르는 강이에요. 성경에서는 하나님이 아브라함과 자손에게 가나안을 주겠다고 약속했어요. 가나안은 고대 이스라엘이 정복한 뒤 정착한 지역으로 지금의 이스라엘 지역을 말해요. 그래서 요단강을 건너 이스라엘로 가는 것은 천국으로 들어가는 것을 의미해요. 그러니까 '요단강을 건너다'는 말은 죽음을 뜻하게 된 것이지요.

　죽음을 의미하는 다른 표현으로 '황천길로 가다', '구천을 떠돈다'는 표현도 있지요. 황천은 죽은 사람들이 있는 곳으로 저승을 뜻해요. 구천은 땅속 깊은 밑바닥이란 뜻으로, 역시 혼이 돌아가는 저승을 가리키지요. 불교에서는 사람이 죽어서 저승으로 가는 길에 있는 강을 삼도천, 혹은 삼도내라고 부르는데 저승으로 가려면 강을 꼭 건어야 한다고 여겼나 봐요.

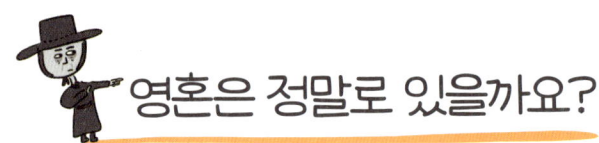
영혼은 정말로 있을까요?

영혼이라고 하면 일반적으로 '혼, 정신'이라는 말과 바꾸어 쓸 수 있어요. 참고 견디며 고통스럽고 힘든 과정을 거쳐 완성한 작품을 '영혼을 담아 만든 작품'이라고 표현하기도 하지요. 영혼은 죽은 사람의 혼을 가리키기도 해요.

1990년에 개봉한 '사랑과 영혼'이라는 유명한 영화가 있어요. 강도에게 죽임을 당한 뒤, 영혼이 사랑하는 사람 곁에 한동안 머물면서 벌어지는 이야기지요. 오늘날에도 영혼이 바뀌거나 몸을 잃고 떠도는 영혼을 소재로 한 드라마나 영화들이 종종 있어요. 마법의 물약을 마시고 혼이 바뀐 남녀, 사고가 난 뒤 깨어나니 몸이 바뀐 아버지와 딸, 저승사자의 실수 때문에 죽은 뒤 다른 사람의 몸에 들어가게 된 영혼 등 다양하답니다.

그런 걸 보면 영혼과 육체는 분리될 수 있으며, 죽은 뒤에도 영혼은 남아 있다고 여기는 사람이 많은지도 몰라요. 그런데 영혼을 과학적으로 증명하려고 노력하는 연구자들

도 있어요. 사진으로 찍거나 무게를 측정하는 등 여러 시도를 하고 있지요.

미국 응급의학과의 한 박사는 임사 체험 연구를 하고 있어요. 임사 체험이란 죽은 줄 알았던 사람이 다시 살아나는 체험을 말해요. 임사 체험을 한 사람들은 뇌사 상태나 심장 정지 상태에서 영혼이 분리되어 자신을 내려다보았다고 말해요. 임사 체험 연구는 이 말을 과학적으로 증명하는 연구를 하고 있지요. 하지만 임사 체험은 뇌의 전기적 반응으로 뇌의 착각이라고 주장하는 사람도 있어요.

지옥은 어떤 모습일까요?

"나쁜 일을 많이 하면 죽어서 지옥에 떨어질 거야."
사람들은 이런 말을 종종 하고는 해요.
"에이 지옥에나 떨어져라!"라고 악담을 하기도 하지요.
그런데 지옥은 정말로 있는 걸까요?
종교마다 지옥의 모습은 조금씩 다르지만 큰 죄를 지은 사람들이 죽은 뒤에 가는 곳이라고 할 수 있어요. 지옥(地獄)이라는 말을 풀이하면 '땅 속에 있는 감옥'이라는 뜻이에요.

불교에서는 지옥에 가면 자신이 지은 죄에 따라서 벌을 받게 된다고 해요. 보통 팔열지옥, 팔한지옥과 기타지옥으로 136개의 지옥이 있어요. 크게 7대 지옥, 10대 지옥으로 나누는 경우도 있어요.

뜨거운 불속에 있는 지옥, 쇠사슬로 몸을 묶고 톱으로 자르는 지옥, 깜깜한 어둠 속에서 있는 지옥, 독사들이 물어 뜯는 지옥, 얼음 속에 갇혀 있는 지옥, 펄펄 끓는 물에 빠지는 지옥 등 말로만 들어도 끔찍한 지옥들이 있어요.

실제로 지옥에 다녀온 사람은 없겠지만 지옥을 무섭고 끔찍한 모습으로 그리고 있는 것은 아마 죄를 짓지 않고 착하게 살라는 교훈을 주기 위해서일 거예요.

불교에서는 염라대왕이 지옥을 다스리고 있다고 해요. 죽은 사람의 영혼을 다스리고 살아 있을 때의 행동을 심판하여 상벌을 준다는 거지요. 이때 염라대왕의 명령을 받고 죽은 사람의 넋을 데리러 오는 심부름꾼이 저승사자예요.

저승사자는 '사신(死神)'이라고도 하는데 서양에서 사신은 검은 망토를 걸치고 낫을 들고 있는 모습으로 나와요. 하지만 우리나라의 저승사자는 창백한 얼굴로 검은색 옷을 입은 모습이지요.

지옥을 묘사한 그림
일본의 헤이안 시대에 지옥을 묘사한 그림이에요. 불에 휩싸여 괴로워하는 사람이나 도망치는 사람의 모습이 생생하게 표현되어 있어요.

천국은 하늘에 있을까요?

책이나 텔레비전을 보면 세상을 떠난 가족이나 친구를 그리워하며 "하늘나라에서 지켜보고 있을 거야!", "착한 사람이라서 천국에 갔을 거야."라는 말을 하고는 해요. 하얀 구름 위 하늘에는 죽은 영혼들이 사는 나라가 있는 걸까요? 그럼 어떻게 하면 천국에 갈 수 있을까요?

기독교에서는 천국을 그리스도를 믿는 사람이 죽은 후에 갈 수 있는 영혼이 축복받는 나라를 가리켜요. 하나님이 지배하는 나라라고 여기지요.

천국은 지옥과 대비되는 곳으로 종교마다 해석이 다르지만 일반적으로 착하게 산 사람이 죽은 뒤 가게 되는 이상적인 나라를 말해요. 종교에 따라 이상향, 낙원, 극락정토 등 부르는 이름이 다르지만 비슷한 뜻을 담고 있어요. 천국의 모습은 밝은 빛이 넘치고, 모두가 행복한 표정으로 웃고

있고, 꽃이 만발한 모습 등으로 표현되어요.

천국이 정말 있는지는 아무도 몰라요. 하지만 천국이 있다고 믿는 것은 살아 있는 동안에 착하게 살아야 한다는 교훈을 주고 있어요.

지옥에 염라대왕이 있는 것처럼 중국에서는 예로부터 하늘의 신령을 옥황상제라고 불렀어요. 이런 생각은 우리나라에도 전해져서 옥황상제에게 제사를 올리기도 했어요. 옥황상제는 인간을 비롯하여 살아 있는 모든 생물의 운명을 주재하는 신을 가리켜요.

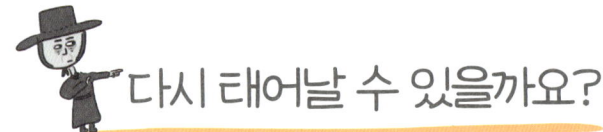
다시 태어날 수 있을까요?

사랑하는 연인을 떠나보낼 때 자주 하는 말이 있어요.
"다음 생에 다시 만나요."

이번 생, 다음 생이라는 말을 들어 본 적이 있지요? 이 말은 사람이 죽은 뒤 다시 태어난다는 것을 염두에 둔 말이에요. 다시 태어나는 것은 환생이라고 하는데 불교의 윤회 사상과 관련 있어요. 불교에서는 여섯 개의 세상에서 태

어나고 죽는 것을 반복한다고 보았어요. 어떤 삶을 살았느냐에 따라서 끝없이 살고 죽기를 반복하는데 깨달음을 얻으면 해탈의 경지에 올라 윤회에서 벗어날 수 있다고 여겼어요.

이슬람교에서도 환생을 믿는 종파가 있고, 불교의 라마교는 살아 있는 부처로 여기는 달라이 라마가 계속 환생한다고 믿고 있어요.

환생은 영화나 드라마의 소재로 자주 등장하기도 해요. 보통은 전생을 기억하지 못한다고 하지만 최면술을 이용해서 전생을 알아보기도 해요. 물론 최면술이 과학적으로 입증된 것은 아니에요. 환생이나 윤회 사상은 모두 현재의 삶에서 착하게 살아야 한다는 교훈이 담겨 있어요.

다시 살아났다는 의미로 부활이라는 말도 있어요. 기독교에서는 십자가에 못 박혀 세상을 떠난 예수가 자신의 예언대로 사흘 만에 다시 살아난 것을 '그리스도의 부활'이라고 불러요.

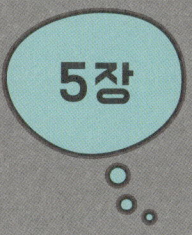

후덜덜 오싹오싹
귀신의 세계

사람이 죽으면 귀신이 되나요?

여름이 되면 여기저기서 귀신 이야기를 접할 수 있어요. 실제로 귀신을 보았다는 목격담부터 다양한 귀신 영화, 귀신의 집이나 흉가 체험 등을 하는 사람들도 많지요.

사람들은 귀신이라는 말을 들으면 대체로 무서운 존재하고 생각해요. 귀신은 정말 무섭기만 한 걸까요?

귀신이라는 단어의 의미를 찾아보면 '사람이 죽은 뒤에 남는 넋'이라고 해요. 그러니까 귀신은 사람이 죽은 뒤 잠시 동안 나타나는 것으로 곧 사라진다고 여겼어요. 사람과 비슷하게 생겼으며 사람처럼 생각할 수 있고 어디든 자유롭게 다닐 수 있다고 해요. 그렇다면 왜 우리는 귀신을 무서워하는 걸까요?

귀신은 사람을 홀리는 걸 좋아해서 괴상한 일들을 일으킨답니다. 어둡고 음침한 것을 좋아해서 허약한 사람에게 귀신이 잘 붙는다고 해요. 그럴 때는 귀신을 쫓는 의식을 하기도 하지요.

대표적인 것이 굿이에요. 집안에 나쁜 일이 생기거나 사람에게 귀신이 붙으면 음식을 차려 놓고 무당이 춤을 추며 굿을 해요. 그렇게 하면 귀신이 떨어진다고 믿었어요.

나쁜 귀신은 살아 있는 동안 억울하고 원통한 일을 당하여 원한을 품고 있다고 여겼어요. 그래서 원한을 풀어 주는 제사를 지내거나 굿을 해 주기도 했답니다.

귀신은 나라에 따라 모습이 다르고 한 나라에서도 여러

귀신들이 있어요. 우리나라의 대표적인 귀신은 처녀귀신, 총각귀신, 도깨비, 구미호 등이 있어요. 서양의 대표적인 귀신은 드라큘라, 뱀파이어, 늑대인간 등이 있지요.

귀신의 존재는 과학적으로 증명되지 않았어요. 하지만 귀신을 찍은 사진이나 영상, 그리고 목격담을 보면 귀신은 없다고 단정할 수도 없어요. 그래서 귀신이 있다고 믿는 사람도 있고 없다고 여기는 사람들도 있어요.

여러분은 귀신이 진짜 있을 것 같나요?

우리나라 처녀귀신이랑 닮았어!

일본의 귀신
1737년 귀신이나 요괴를 그린 책에 나온 일본의 귀신이에요.

윈체스터 미스터리 하우스
미국 캘리포니아주에 있는 저택으로 유령이 나오는 장소로 유명해져 관광 명소가 되었어요.

여기서 귀신이 나온단 말이지?

인도의 모건 하우스
유령이 나온다고 알려진 인도 칼림퐁에 있는 모건 하우스예요.

우리나라에는 어떤 귀신이 있을까요?

흰 소복을 입고 새까만 긴 머리를 늘어뜨리고, 입가에 피를 흘리며 '으흑흑' 구슬프게 흐느끼는 귀신은 바로! 처녀귀신이랍니다. 우리나라의 대표적인 귀신이지요.

그런데 왜 '귀신' 하면 처녀귀신이 떠오르는 걸까요?

귀신은 억울하고 원통한 일을 당하고 죽은 사람이 원한을 품고 귀신이 되어 사람을 괴롭힌다고 여겼어요. 우리나라는 옛날에 남성 중심의 사회였기 때문에 차별 당하고 고

통 받는 여성들이 많았어요. 게다가 결혼을 못하고 죽은 처녀는 한을 풀지 못해 귀신이 된다고 믿었어요. 그래서 처녀 귀신이 많은 거지요.

처녀 귀신과 비슷한 구미호도 있어요. 구미호는 꼬리가 아홉 개 달린 여우가 사람으로 둔갑한 것이에요. 구미호가 사람의 간을 100개 먹으면 인간이 될 수 있다는 이야기도 전해요. 그리고 우리나라에서만 볼 수 있는 도깨비도 있어요. 도깨비는 무섭고 나쁜 귀신이라기보다는 사람에게 도움이 되는 귀신이에요. 동물이나 사람의 모습을 하고 있는데 사람들이 자주 쓰던 오래된 물건이 도깨비가 된다고 여겼어요. 도깨비가 도깨비방망이를 휘두르면 소원을 들어준다고 믿었지요.

일본 귀신은 무서울까요?

동양에서 가장 무시무시한 귀신은 일본 귀신일 거예요. 1999년에 개봉한 영화 '링'에서는 저주를 내리는 '사다코'라는 귀신이 등장하고 2003년 개봉한 영화 '주온'에서는 하얀 얼굴에 눈이 새까만 아이 '토시오'가 나와요. 두 영화는 큰 인기를 얻어 시리즈로 제작되고, 다른 나라에서 다시 만들어지기도 했어요. 하지만 모두 소설이나 영화 속에서 만들어진 귀신이지요.

일본에는 전설적으로 원한을 품고 저주를 내리는 여러

귀신들이 있어요. 대표적인 귀신으로 빨간마스크, 팔척귀신, 테케테케 귀신, 쿠네쿠네 귀신, 달걀귀신 등이 있어요.

빨간마스크는 입 찢어진 여자라고도 하는데, 입 양쪽이 귀까지 찢어져 마스크를 하고 다니며 자기가 예쁘냐고 물어봐요. 이때 어떤 대답을 하더라도 대답한 사람을 죽인대요!

팔척귀신은 키가 아파트 3층 높이 정도로 크며 포포포포 하는 소리를 내는데 팔척귀신에게 홀리면 며칠 안에 죽게 돼요. 테케테케 귀신은 허리 아래가 잘려서 팔로 기어 다니는 귀신이고, 달걀귀신은 눈코입이 없다고 해요.

일본에도 우리나라의 도깨비와 비슷한 모습의 오니가 있어요. 붉은 몸에 머리에 뿔이 나 있고 방망이를 들고 있어서 마치 도깨비처럼 보이지만 오니는 나쁜 악귀에 가까워요.

중국 귀신은 콩콩 뛰어다닌다고요?

"딸랑딸랑딸랑."

영환술사가 방울을 울리면서 앞장서면 이마에 부적이 붙은 시체는 방울 소리를 따라 콩콩 뛰어가요. 중국의 귀신 영화에 자주 등장하는 대표적인 귀신 강시의 모습이지요.

강시는 좀비와 비슷하지만 살아 있을 때와 거의 똑같은 모습으로 살아 움직여요. 두 팔은 앞으로나란히를 하고 다리를 굽히지 못해서 콩콩 뛰지요. 강시는 한밤중에 돌아다니고 낮에는 관으로 돌아가요. 살아 있을 때 약한 사람이라고 해도 강시가 되면 엄청나게 힘이 세지고 사람을 공격해 물어뜯는다고 해요.

강시를 퇴치하는 방법은 관에 있을 때 태워 없애야 해요. 강시는 진화하면 하늘을 날 수 있고 사자와 비슷한 모습의 잔인하고 난폭한 식인 짐승 후가 된다고 전해요. 귀신도 진화를 한다니 놀라워요!

중국에는 전설을 바탕으로 한 요괴들도 많아요. 새의 모습을 하고 아이를 훔쳐 가 자신의 아이로 삼는 요괴 고획조는 새의 모습이다가 날개를 벗으면 여자의 모습으로 변해요. 결혼을 하지 않은 남녀를 홀려 죽인다는 녹랑과 홍랑도 있고, 닭의 모습을 하고 사람의 눈을 파낸다는 나찰조도 있어요.

사람의 피를 빨아 먹는 드라큘라

서양의 대표적인 귀신은 드라큘라나 뱀파이어, 늑대인간이에요. 뱀파이어는 다른 말로 흡혈귀라고 해요. 흡혈귀는 무덤에서 나와 사람의 피를 빨아 먹는다는 귀신이에요. 정확히 말하자면 드라큘라 백작은 뱀파이어인 셈이지요. 드라큘라는 영국의 작가 스토커가 쓴 소설로 루마니아의 영주를 모델로 쓴 이야기예요. 드라큘라는 소설로 나온 뒤 연극, 뮤지컬, 영화로도 만들어졌어요. 그리고 루마니아 남

부 지역에서는 드라큘라성이 관광지로 개발되어 사람들이 찾고 있어요.

뱀파이어에게 물린 사람은 뱀파이어가 된다고 여겼어요. 뱀파이어는 마늘을 싫어하고 태양 빛을 쬐면 사라지며 심장에 말뚝을 박아야 죽일 수 있다고 믿었어요.

또 다른 대표적인 귀신으로 평소에는 사람이다가 보름달이 뜨면 늑대로 변하는 늑대인간이 있어요. 늑대인간 전설은 기원전으로 거슬러 올라가요. 수렵 생활을 할 때 사람들은 늑대처럼 강한 힘을 가지기를 원했어요. 하지만 가축을 기르면서 늑대는 나쁜 동물이며 늑대인간도 사람을 죽이는 나쁜 존재로 변해 갔어요. 16세기 프랑스에서는 늑대인간이 불에 태워졌다는 기록도 있어요.

살아 움직이는 시체 좀비

 귀신은 아니지만 공포영화에서 자주 등장하는 또 다른 주인공으로 좀비가 있어요. 좀비는 언데드, 즉 되살아난 시체를 말해요. 좀비는 아이티 섬에서 발전한 부두교에서 유래했어요.
 부두교의 주술사가 큰 죄를 짓고 죽은 사람을 되살려 좀비로 만든 다음 노예로 부렸다고 해요. 이때 흑마술을 쓰는데, 흑마술은 나쁜 목적으로 쓰는 마술을 말해요. 살아난 시체는 자신의 의지 없이 일만 계속 해야 해서 아이티 사람들은 좀비가 되는 것을 두려워했대요. 좀비는 낮에는 무덤

속에 있다가 밤이 되면 살아 움직이지요.

그런데 좀비가 공포 영화의 소재가 되면서 사람을 공격하고 좀비에 물린 사람은 좀비가 된다는 이미지가 만들어진 거예요. 1968년 조지 로메로 감독의 영화 '살아 있는 시체의 밤'은 대표적인 고전 좀비 영화예요. 이후 좀비 영화가 인기를 얻으면서 영화 속에서 좀비는 학습을 할 수 있고, 무리를 이룰 수 있고, 빨리 달릴 수 있으며 엄청난 힘을 가진 존재로 진화하고 있어요. 게다가 좀비와 인간이 사랑하게 된다는 영화도 있지요.

오늘날 '좀비'라는 말은 마치 죽은 것처럼 무기력하게 살아가는 사람들을 가리키는 말로도 자주 쓰여요.

영혼과 대화를 할 수 있다고요?

귀신을 부르는 주문이 학생들 사이에서 유행한 적이 있어요. 두 사람이 볼펜을 마주잡고 힘을 빼고 귀신을 부르는 주문을 외는 거예요. 그런 다음 궁금한 질문을 하면 볼펜이 저절로 움직이면서 귀신이 답을 해 준다고 믿었어요. 귀신은 미래를 모두 알고 있다고 여겼거든요. 하지만 아무나 귀신을 부를 수 있는 건 아니에요.

영화나 드라마에서 보면 죽은 사람의 영혼이 사람의 몸에 빙의해서 두 사람만의 추억을 털어놓는 장면을 종종 볼 수 있어요.

"첫 여행 때 자동차가 고장 나서 둘이 한참을 걸어서……."

"아니 그건 그 사람과 나만 아는 이야기인데……."

이렇게 영혼이 인간과 대화를 하려면 영매가 있어야 해요. 영매는 영혼과 인간을 이어 주는 사람으로 대표적으로 무당이나 박수를 가리켜요. 무당은 귀신을 섬겨 길흉을 점치고 굿을 하는 것이 직업인 사람이고 박수는 남자 무당을 말해요.

　무당이 될 운명을 타고난 사람에게 신이 붙는 것을 흔히 '신내림을 받는다'라고 해요. 이때 무당이 되지 않으면 원인을 알 수 없는 병을 앓기도 하는데 이것을 신병이라고 불러요. 모두 무속 신앙에서 나온 말이지요. 이렇게 신을 받아들인 사람은 인간과 영혼을 이어 줄 수 있다고 믿었어요.

　영매는 영혼과 대화를 할 수 있기 때문에 특정 영혼을

부르거나 잠시 동안 영혼에게 몸을 빌려줄 수도 있어요. 영매의 몸에는 사람의 영혼뿐 아니라 동물의 영혼이나 요괴 등이 빙의하기도 한대요. 빙의는 영혼이 옮겨 붙는다는 말이에요. 그런데 빙의가 된 영매는 물건을 저절로 움직이게 하는 등 초자연적인 힘도 낼 수 있대요!

귀신을 쫓는 사람들이 있다고요?

"썩 물러가라! 당장 몸에서 나와라!"

한 신부님이 뭔가에 홀린 듯한 사람을 향해 소리치는 모습을 본 적이 있나요? 신부님은 구마 의식을 하고 있는 거예요. 그런 신부님을 구마 사제라고도 부르지요.

'구마'란 마귀를 쫓는다는 뜻이에요. 영어로는 '엑소시즘'이라고 하고 '퇴마'라고도 부르지요. 엑소시즘을 다룬 '엑소시스트'라는 영화는 큰 화제가 되면서 꾸준히 다시 만들어

지고 있어요.

우리나라에서는 〈퇴마록〉이라는 소설이 인기를 얻으면서 퇴마사라는 단어가 알려졌어요. 귀신을 볼 수 있는 사람들이 사람의 몸에 빙의된 악귀를 쫓는다는 내용이지요. 몇몇 프로그램에서는 퇴마사들을 폐가나 귀신이 나오는 곳으로 불러서 실제로 퇴마 의식을 벌이기도 했어요.

퇴마사들은 아무것도 없는 곳을 바라보며 누군가가 있다고도 하고 두려움에 떨기도 하지만 과학적으로 검증되지는 않았어요. 빙의가 된 사람에게 퇴마 의식을 해 귀신을 쫓아내는 모습도 나오지만 정말로 빙의가 된 것인지, 퇴마를 한 것인지는 여전히 미스터리로 남아 있어요. 하지만 세상에는 과학으로 설명할 수 있는 일도 가끔 일어나잖아요!

숙제를 대신해 주는 귀신이 빙의되면 좋겠다.

구마 의식을 그린 그림
가톨릭 사제가 구마 의식을 하는 모습을 그린 그림이에요.

죽음과 관련된 일과 직업들

 # 미라는 왜 만들었을까요?

온몸에 붕대를 친친 감고 있는 시체를 본 적 있나요? 그런 상태를 '미라'라고 불러요. 시신에 붕대가 감겨 있는 것은 누군가 일부러 미라로 만든 경우이고, 자연적으로 썩지 않은 채 형태가 보존되는 경우도 미라라고 불러요. 그럼 죽은 사람을 왜 미라로 만들었을까요?

사람이 죽은 뒤 다음 세상이 있다고 믿었기 때문에 미라로 만든 거예요. 영혼이 부활하면 살아날 수 있다고 믿고 시신을 보존한 것이지요.

기원전 5000년쯤 고대 이집트에서 만든 미라가 대표적이에요. 이집트에서는 시신에 방부 처리를 하는 기술이 뛰어나서 파라오(왕)를 비롯해 일반인이나 개, 새, 고양이, 물고기도 미라로 만들었다고 해요. 사람을 미라로 만든 다음에는 원래 얼굴과 똑같은 모양의 가면을 씌우는데, 그 이유는 부활한 영혼이 자신의 얼굴

을 알아보기 위해서예요.

 이집트뿐만 아니라 다른 나라에도 미라가 있어요. 우리나라에서도 조선 시대의 미라가 발견되었어요. 400년 전에 죽은 양반 여성이었는데, 이 여성의 미라는 성인병이라고 불리는 동맥경화로 죽었다는 연구 발표가 나오기도 했어요. 400년 전에 죽은 사람의 병 이름도 알 수 있다니 신기하죠?

 # 죽은 사람의 몸을 살핀다고요?

사람이 어떻게 죽었는지 원인을 알고 싶을 때 부검을 해요. 부검이란 '해부하여 검사한다'는 뜻이에요. 범죄로 죽은 사람들을 부검하면 사망 원인을 알고, 범인을 알아내는 데 도움이 돼요. 병으로 죽은 사람도 어떻게 병이 퍼져서 죽음에 이르렀는지 알아보려고 부검을 하기도 해요.

조선 시대에도 부검을 했어요. 세종 때 중국에서 쓴 〈무원록〉이라는 책에 나오는 순서와 방법을 따라 부검을 하도록 했는데, 판결을 더욱 공정하게 하려고 시신을 부검한 거예요. '무원록'은 죽은 사람이 억울함이 없도록 하라는 뜻이에요. 조선 시대에는 독살되었는지 알아볼 때 은수저를 이용했어요. 은에 독약이 닿으면 까맣게 변하는 것을 보고 독살이라는 걸 알 수 있었어요.

그럼 부검은 어떻게 하는 걸까요?

일단 시신의 겉모습을 자세히 살펴야 해요. 상처가 있다면 범행 도구를 추측할 수 있어요. 범인과 몸싸움을 했다면 눈에 보이지 않는 피부 조각이나 머리카락 등 범인에 대한 정보가 시신에 남아 있을 수 있기 때문에 손톱 밑까지 꼼꼼히 살펴야 해요.

그런 다음 몸속의 장기를 살펴야 해요. 이상한 점이 있으면 조직 검사를 해서 약물이 쓰였는지도 알아보지요. 그리고 가장 중요한 것이 부검이 끝나면 시신을 원래 모습으로 되돌려 놓는 거랍니다.

부검실 모습

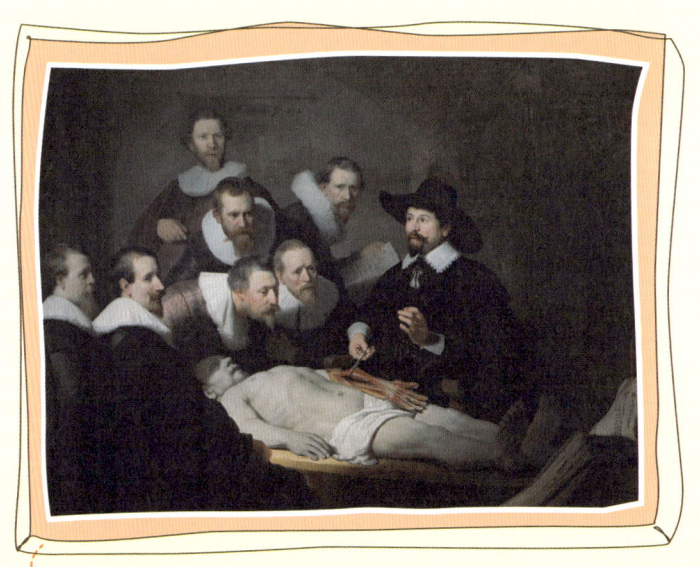

니콜라스 틸프 박사의 해부학 강의
부검하는 모습을 그린 화가 램브란트의 그림이에요.

 ## 법의학자는 어떤 직업일까요?

　법의학자는 의학적, 과학적 정보와 지식으로 사람이 죽은 원인과 죽음에 이른 과정을 알아내는 사람이에요. 그러니까 부검을 하는 사람도 법의학자라고 할 수 있지요.

　오늘날에는 법의학자를 텔레비전이나 드라마에서 자주 만날 수 있어요. 미국 드라마 CSI는 법의학자가 등장하는 수사 드라마인데 엄청 인기가 있었답니다.

　사건 현장에 범인이 남긴 흔적이 아무것도 없거나 나쁜 마음으로 증거를 조작하더라도 법의학자는 찾아낼 수 있어요. 게다가 과학 기술이 발달하면서 DNA 분석 등을 통해 과거에 해결하지 못했던 사건의 범인을 잡기도 해요.

　그럼 법의학자가 되려면 어떤 과정을 거쳐야 할까요?

　법의학자가 되려면 의사 자격증이 있어야 해요. 의과 대학을 졸업하고 병리학 전문의로 5년을 보내고, 법의학 실무를 1~2년 정도 한 다음에 심사를 통과해야 법의학자가 될 수 있어요. 우리나라의 법의학자들은 대부분 국립과학수사

연구원에서 일하고 있지요.

국립과학수사연구원은 범죄 현장에서 증거물을 수집해서 과학적으로 연구하는 곳이에요. 그렇게 해서 범인을 찾을 수 있도록 돕는답니다.

 ## 장의사는 무슨 일을 할까요?

장의사는 죽은 사람의 시체 처리와 장례에 관한 여러 가지 일을 하는 사람 혹은 영업소를 가리키는 말이에요.

과거에는 사람이 죽으면 장의사를 불러서 장례 절차를 맡겼어요. 장례 일정부터 관을 고르는 것, 입관, 빈소 설치뿐만 아니라 사망과 관련된 문서를 작성하는 일도 맡아서 처리했어요.

장의사 자격을 얻으려면 일정 기간 교육을 받아야 해요. 윤리 교육과 장례 절차, 그리고 염습을 배워요. 염습은 시신의 옷을 벗기고 알코올이나 소독약을 이용하여 몸을 깨끗이 닦은 다음, 준비된 수의를 입히고 시신의 몸과 다리 등을 묶어 관에 넣는 과정을 말해요. 시신의 얼굴과 머리는 단정하게 정리하는데, 남자는 면도를 해 주고, 여자는 화장을 해 주어요. 그런 다음 종이나 삼베 등을 채워 시신이 흔들리지 않도록 하지요.

오늘날에는 장의사라고 하지 않고 장례지도사라고 불러

요. 유족과 장례 절차를 상담하고, 장례 용품 준비부터 시신 관리, 장례식 주관 등 장례에 관한 절차를 관리하는 직업이에요. 장례지도사는 상조회사에 소속되어 있는 경우가 많아요. 사람들은 상조회사에 가입해 미리 돈을 조금씩 내면서 장례를 대비하기도 해요.

  장례지도사가 되기 위해서는 침착함을 유지하고 예상치 못한 일에도 대처할 수 있는 순발력이 필요해요. 그리고 며칠 동안 진행되는 장례 기간 동안 버틸 수 있는 체력도 필요하지요.

오늘날 새로 생긴 직업으로 반려동물장례지도사도 있어요. 반려동물을 가족처럼 여기는 사람들이 많아서 반려동물장례지도사도 늘어나고 있대요. 반려동물장례지도사는 반려동물을 잃은 가족들이 슬픔을 극복하도록 돕는 역할도 하고 있답니다.

 유품정리사라는 직업이 있다고요?

시대가 변하면서 과거에는 없었던 직업들이 새로 생겨나는데 죽음과 관련된 직업도 마찬가지예요. 예전에는 죽은 사람의 물건은 가족들이 처리했어요. 보관하거나 불태우는 것이 일반적이었지요. 요즘에는 가족을 대신해서 죽은 사람의 물건을 정리해 주는 직업이 있어요. 바로 유품정리사지요. 유품이란 죽은 사람이 살아 있을 때 쓰던 물건들을 말해요.

유품정리사는 혼자 사는 사람들이 많아지고 스스로 목숨을 끊는 사람들이 늘어나면서 자연스럽게 생겨났어요. 유품정리사는 사건 현장이나 홀로 죽어간 사람, 스스로 목숨을 끊은 사람들의 공간을 정리하는 일을 해요. 옷이나 가전제품, 식기, 가구, 식료품 등의 유품들은 가족들에게 전달되거나 재활용센터에 기부되기도 해요.

유품정리사는 죽은 사람의 마지막을 보게 되는 사람이에요. 끔찍한 사건 현장도 있겠지만 혼자 지내며 사람을 그리워한 흔적이나 병을 숨기고 혼자 아파한 사람들도 보게 된다고 해요. 한 유품정리사는 '세상에는 외롭고 쓸쓸한 죽음이 너무도 많다'고 책에 썼어요. 그러므로 곁에 있는 가족과 이웃, 친구에게 항상 따뜻한 말 한마디를 건네고 배려하는 마음을 가져야 해요. 죽어가는 순간 누군가에게 사랑받았다는 기억이 있다면 편안하게 눈을 감을 수 있을 테니까요.

 ## 마지막 순간을 돌보는 호스피스

죽음을 앞둔 순간 집이나 병원이 아니라 특별한 공간에서 죽음을 맞이하기도 해요. 더 이상 치료가 불가능한 사람들이 마음의 안정을 찾고 편안하게 마무리를 하기 위해 찾는 곳이지요.

그런 장소나 그런 일을 하는 사람을 '호스피스'(Hospice)라고 해요. 호스피스는 중세 기독교의 성지 예루살렘으로 가는 순례자들을 위하여 마련된 숙소라는 뜻에서 유래했어요. 순례자는 종교적인 장소를 찾아 참배를 하는 사람을

말해요. 어쩌면 삶도 결국 죽음에 이르는 여행이라고 볼 수 있어요. 그래서 호스피스에는 삶이라는 여행을 잘 끝낼 수 있도록 보살피는 곳이라는 뜻이 담겨 있는지도 몰라요.

호스피스는 몸이 아파서 느끼는 고통을 줄여 주면서 동시에 죽음에 대한 두려움을 치료하는 일을 해요. 남겨진 가족들의 아픔을 덜어 주는 활동도 하지요. 호스피스는 병원처럼 운영되는 곳도 있지만 일반 가정집처럼 꾸며 놓은 곳도 있어요. 영국에서는 암 환자 열 명 중 아홉 명이 호스피스 시설을 이용하고 있지만 우리나라는 아직 열 명 중 한두 명 정도예요.

호스피스를 찾는 사람들은 병원에서 치료만 받다가 죽음을 맞이하는 것보다 가족과 함께 하는 것이 더 중요하다고 여기고 치료를 중단하는 경우가 많아요. 산소호흡기에 의지해서 수명을 연장하는 것보다 가족들과 마지막을 함께하며 좋은 추억을 가지고 자연스럽게 죽음을 맞으려는 거지요.

집처럼 꾸며 놓으면 좋을 것 같아.

성 크리스토퍼 호스피스
1967년 영국 런던에 세워진 성 크리스토퍼 호스피스예요.
성 크리스토퍼 호스피스를 시작으로 전 세계에 호스피스가
보급되었어요.

성 빈첸시오 아 바오로 호스피스
이스라엘의 예루살렘에 있는 호스피스예요.

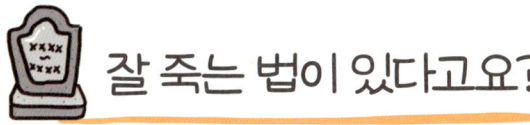# 잘 죽는 법이 있다고요?

주인을 찾지 못한 유기견이나 더 이상 치료가 불가능한 동물들은 '안락사'를 해요. 안락사는 고통이 적은 방법으로 죽음을 맞게 해 주는 것을 말하지요. 불치의 병에 걸려 고통 받거나 보호소에 더 이상 둘 수 없는 동물의 경우 어쩔 수 없이 안락사를 선택할 수밖에 없답니다.

사람의 경우도 안락사를 선택하는 경우가 있어요. 환자가 고통에서 벗어날 수 있도록 안락사를 인정해야 한다는 찬성 의견과 의사가 환자의 죽음을 결정할 수 없고 나쁘게 이용될 수 있다는 반대 의견이 있어요.

세계적으로 법으로 안락사를 허락하는 나라도 있고 금지하는 나라도 있어요. 캐나다, 프랑스, 네덜란드, 벨기에, 룩셈부르크, 스위스 등은 안락사를 허용하는 국가예요. 그 중에서도 스위스는 외국인의 안락사도 허용하고 있어요. 그래서 스위스에 안락사를 신청하는 외국인들도 많다고 해요. 우리나라는 회복 가능성이 없는 환자가 자기의 결정이나 가족의 동의로 연명 치료를 받지 않을 수 있도록 하는 '소극적인 안락사'만 허용하고 있어요.

그런데 안락사가 허락된 나라라고 해도 아무나 해당되는 건 아니에요. 복잡한 절차와 검증을 통해서 특정한 사람에게만 허락하는데, 대체로 더 이상 치료가 무의미하다고 판단된 사람들만 해당되지요.

단지 살아 있는 것을 유지하기 위한 '연명(延命) 치료'를 하지 않는 소극적 안락사는 '존엄사'라고도 불러요. 이런 존엄사는 웰 다잉(Well Dying)과도 이어져요. 웰 다잉의 뜻은 '잘 죽는 것'이에요. 일본에서는 자신의 죽음을 스스로 준

비하는 '종활'이 크게 화제가 되기도 했어요. 마치 결혼식을 준비하는 것처럼 장례식과 묘지, 상속까지 미리 준비해 두는 것이지요. 이때는 엔딩노트(ending note)를 쓰며 인생을 정리하기도 해요.

 인생의 마지막 순간에 이르러 죽음을 두려워하고 피하려고만 하지 않고 자신이 준비해 나간다면 편안하게 죽음을 맞을 수 있지 않을까요?

7장

죽음을 상상해 보아요!

# 반려동물이 죽었을 때

"우리집 콩이는 열다섯 살인데 치매에 걸렸어."
"우와! 그렇게 나이가 많아?"

개의 수명은 보통 열다섯 살이라고 말해요. 사람의 나이로 치면 100살쯤 된 거지요. 고양이는 개보다 2~3년을 더 산다고 해요. 그러니까 대표적인 반려동물인 개와 고양이를 키우는 사람들은 대체로 동물들을 먼저 떠나보내게 되지요.

매일같이 함께 지내던 반려동물의 죽음은 가족의 죽음과 마찬가지로 큰 슬픔을 느끼게 해요. 그래서 가족처럼 사랑하는 반려동물이 죽은 뒤에 상실감이나 우울증을 겪는 것을 '펫로스 증후군'이라고 해요. 슬퍼하는 것뿐만 아니라 자신의 탓이라고 죄책감을 느끼는 사람들도 많지요.

반려동물을 잃은 슬픔을 극복하기 위해서는 동물의 수명이 짧다는 것을 알고 죽음을 받아들여야 해요. 그리고 같은 슬픔을 겪은 사람들과 반려동물과의 추억을 공유하거나 작은 묘지나 기념비를 만들어 주는 것도 좋아요.

죽은 동물을 잊기 위해 바로 다른 동물을 입양하는 것은 좋은 방법이 아니에요. 어린 아이들의 경우에는 동물이 죽어도 언제든 새로운 동물로 대체될 수 있다고 가볍게 여길 수 있거든요.

사랑하는 사람이 죽었을 때

나이가 들면서 많은 죽음을 경험하지만 그중에서도 가장 슬픈 것이 사랑하는 사람, 가족의 죽음일 거예요. 어릴 때는 죽음을 직접 경험할 기회가 별로 없어요. 부모님이나 할아버지, 할머니 모두 건강하시니까요. 하지만 나이가 들면서 사람은 누구나 수명을 다하는 순간이 오게 돼요. 사고로 일찍 세상을 떠나는 경우도 많고요.

가족 중의 누군가가 세상을 떠나면 남은 가족들은 슬픔

과 함께 미안함과 죄책감을 느
끼다고 해요. 미워했던 사람이라
고 해도 말이에요.

'나 때문에 죽은 거야.'

'살아 계실 때 더 잘해 주지 못해서…….'

하지만 이런 감정을 너무 오랫동안 마음에 담아 두면 마음의 병이 생기고 말아요. 가족들끼리 사이가 나빠지기도 해서, 자녀를 잃은 경우 부부가 헤어지는 경우도 있어요. 모두 죽음의 슬픔에서 빠져나오지 못해서예요.

힘들겠지만 모두 죽음을 맞는 순간이 온다는 것을 인정하고 받아들여야 해요. 그리고 "오늘은 어제 죽은 이가 간절히 바란 내일이다."라는 말도 있듯이 후회가 남지 않는 하루하루를 사는 것이 먼저 떠난 사람들을 위한 일일지도 몰라요.

 ## 장기 이식은 누구나 할 수 있나요?

"장기 이식 동의는 생명을 살리는 일입니다!"

장기 이식 동의란 뇌사 상태에 빠지거나 연명 치료를 중단했을 때 환자의 다른 건강한 장기를 필요한 사람에게 준다는 약속이에요. 회복 가능성이 없는 중증의 환자인 경우는 신체의 여러 장기를 필요한 많은 사람들에게 줄 수 있어요.

간이나 신장, 골수 등은 건강한 일반인도 이식할 수 있어요. 간은 일부를 잘라 내도 재생이 되고, 신장은 두 개가

있기 때문에 하나를 기증할 수 있어요. 하지만 무조건 장기 이식을 할 수 있는 건 아니에요. 일단 장기 기증자로 등록되면 여러 검사를 통해 적합한 사람을 대상자로 선정하지요.

오늘날에는 장기 기증에 동의하는 사람들이 늘고 있지만 장기 기증 서약서를 쓰는 걸 주저하는 사람들이 많아요. 사람들이 두려워하고 걱정하는 건 수술을 하고 입원을 하고 회복하는 과정 때문인지도 몰라요. 하지만 장기 기증은 별다른 치료법이 없어 힘들게 살아가거나 죽음을 앞두고 있는 사람들의 생명을 살리고 새 삶을 선물하는 뜻 깊은 일이에요.

죽지 않을 수도 있나요?

죽지 않는 것을 불로장생, 불멸 혹은 불사조라고 해요. 불사조는 피닉스라고도 하는데 원래 이집트 신화에 나오는 새예요. 500~600년마다 한 번 스스로 향나무를 쌓아 불을 피워 타 죽고 재 속에서 다시 살아난다고 하지요.

불로장생이라는 말은 늙지 않고 영원히 산다는 뜻이에요. 중국을 통일한 황제 진시황은 강한 권력을 얻고 불로장생을 꿈꾸었어요. 그래서 먹으면 죽지 않는다는 불로초를

구하기 위해 중국뿐 아니라 다른 나라까지 사람을 보내 구해 오게 했어요. 하지만 이런 노력에도 불구하고 진시황은 49세에 죽음을 맞지요.

　오늘날 과학자들은 불로장생의 비밀을 풀기 위해 연구를 계속 하고 있어요. 아직은 누구도 발견하지 못했지만 인간의 수명이 계속 늘어나고 있는 것을 보면 언젠가는 죽지 않는 법을 발견할지도 몰라요.

　살아 있는 사람을 산 채로 얼려 놓는 경우도 있어요. 실제로 냉동 인간이 된 사람도 있는데, 심리학 교수 제임스 베드포드는 1967년 세계 최초의 냉동 인간이 되었어요. 영화를 보면 냉동이 되었다가 미래에 깨어난 사람들의 이야기가 나오곤 해요. 우주여행 동안 잠을 자는 것처럼 냉동 상태에 있다가 필요할 때 깨어나기도 하지요. 하지만 아직은 냉동 인간을 되살릴 수 있을 정도로 기술이 발달하지 않아 냉동 상태에서 깨어난 사람은 없어요.

　냉동 인간이 된 사람들 중에는 불치병으로 치료가 불가

능한 사람도 있어요. 의학 기술이 발달한 미래에는 치료법이 있을지도 모르니까 그동안 얼려 두는 것이지요. 우리나라에도 2018년 냉동 인간 보관 서비스가 등장했어요.

    그런데 사람이 죽지 않고 영원히 살게 되면 정말 행복할까요?

불 속에서 다시 살아나다니!

불사조
불사조를 그린 그림이에요.

죽음을 받아들이는 다섯 단계

미국의 정신과 의사 엘리자베스 퀴블러 로스는 죽음을 받아들이는 다섯 가지 단계가 있다고 했어요.

죽는다는 사실에 맞닥뜨렸을 때 맨 처음 보이는 반응은 '부정'이라고 해요. '내가 죽는다고? 아니야, 아닐 거야. 뭔가 잘못된 거야!'라고 여기는 것이지요.

두 번째 단계는 '분노'예요. '내가 왜 죽어야 해? 말도 안

돼, 죽기 싫어!'라며 화를 내고 자신은 물론 주위 사람들도 힘들게 만들지요.

세 번째 단계는 '타협'이에요. '일 년만 더 살게 해 주세요.'라며 죽음을 미루려고 하는 마음이지요.

네 번째 단계는 '우울'이에요. 죽음을 인정하고 받아들이면서 깊은 슬픔에 빠지는 것이지요.

다섯 번째 단계는 '수용'이에요. 결국 죽음을 받아들이는 거지요. 이때는 오히려 죽음을 앞둔 사람이 슬퍼하는 가족들을 위로하기도 해요.

죽음을 떠올리면 두렵고 슬플 수 있어요. 반려동물이나 가족의 죽음을 실제로 겪었을 수도 있고요. 그건 아주 자연스러운 감정이에요. 그러니까 조금씩 인정하고 받아들이면 기분이 안정되고 편안해질 거예요.

멋진 묘비명을 써 보아요!

묘비명이란 '죽은 사람을 기념하기 위해 묘비에 글을 새긴 것'을 말해요. 묘비명은 그 사람이 어떤 사람이었는지를 알 수 있는 상징적인 문장을 적는 경우가 많아요.

1925년 노벨문학상을 수상한 버나드 쇼는 죽기 직전에 한 말을 묘비명으로 새겨 달라고 했어요.

"우물쭈물하다가 내 이럴 줄 알았다."

이 유명한 묘비명은 누구나 죽음을 맞이하므로 지금 당장 실천하라는 의미가 담겨 있는 말이에요.

이 밖에 재미있는 묘비명을 알아보면 중광 스님의 묘비명은 '에이 괜히 왔다간다'예요. 천상병 시인의 묘비명은 '나 하늘로 돌아가리라 아름다운 세상 소풍 끝나는 날 나 가서 아름다웠다고 말하리라'예요. 두 사람은 삶을 소풍이나 가벼운 여행이라고 생각한 것이지요.

소설가 모파상의 묘비명은 '나는 모든 것을 갖고자 했지만 결국 아무것도 갖지 못했다'예요. 죽는 순간에는 아무것도 가질 수 없다는 걸 알려 주지요.

아직 살아 있지만 미리 묘비명을 말한 사람들이 있어요. 그중에서 마이크로소프트사를 세운 빌 게이츠는 자신의 묘비명으로 '20××년 ×월 ××일 빌 게이츠님께서 로그아웃 하셨습니다'라고 하겠다고 했어요. 자신이 평생 해 온 일과 연관 지은 재치 있는 묘비명이에요.

빌 게이츠처럼 미리 묘비명을 생각해 보는 것도 좋아요. 자신의 인생을 돌아보고 앞으로 어떻게 살아갈지 다짐하는 계기가 될 수 있거든요. '아름다웠다, 행복했다'라는 묘비명을 쓸 수 있으려면 현재의 삶에서 후회 없는 삶을 살아야 해요. 아주 먼 미래겠지만 자신의 묘비명에 쓸 문장을 한 번 생각해 보세요.

마지막에 남기고 싶은 말

　사람들은 죽기 직전 어떤 말을 남길까요? 누군가는 홀가분한 심정을, 누군가는 후회의 말을 남기겠지만 누군가는 죽음을 예상하지 못하고 있을지도 몰라요.

　죽기 전 마지막으로 남기는 말을 유언이라고 해요. 그리고 유언을 글로 써서 남긴 것을 유서라고 하지요.

　우리나라에서 가장 유명한 유언은 임진왜란의 영웅 이순신이 죽기 직전 남긴 말이에요.

"내 죽음을 알리지 마라."

이순신 장군은 한창 전쟁 중에 자신의 죽음 소식을 듣고 병사들의 사기가 떨어질까 봐 걱정했던 것이지요. 죽는 순간까지 나라를 걱정한 마음을 알 수 있어요.

다른 유언을 살펴보면 고려를 세운 태조 왕건은 "인생은 원래 그렇게 덧없는 것이다."라고 말했어요. 독립운동가 안중근은 "대한 독립의 소리가 천국에 들려오면 나는 춤추며 만세를 부를 것이다."라고 했어요. 조국의 독립을 바라는 마음이 담겨 있지요.

음악가 베토벤은 "친구들이여, 박수를 치게. 드디어 내가 겪은 희극이 막을 내리게 됐군."이라고 말하고, 화가 피카소

는 "나를 위해 축배를 드시오."라고 말했어요.

나라를 걱정하는 감동적인 유언도 있지만 피식 웃음이 나는 유언들도 많지요?

나는 죽기 전 어떤 말을 하게 될까요? 후회의 말을 하게 될지 행복했다는 말을 하게 될지는 지금을 어떻게 사느냐로 결정될 거예요. 마지막 순간 모두가 기억해 주는 멋진 말을 생각해 보아요.

본문 사진 출처 ⓒ 위키백과